Amazonien

Entdecke die Wunder des Regenwaldes

Katharina Vlcek

: Haupt

Auf nach Amazonien

Unter dem Blätterdach des Regenwaldes ist die Luft feucht und heiß. Kaum ein Tier lässt sich blicken, doch ihre Geräusche erfüllen den gesamten Wald. Morgens markieren die Brüllaffen mit lautstarkem Gebrüll ihr Revier. Steigt die Sonne, ertönt das flirrende Summen der Zikaden. Nach einem Regenguss schallen die Rufe unzähliger Frösche durchs Dickicht. Sie quaken die ganze Nacht und ziehen sich erst zurück, wenn die Sonne am nächsten Morgen steigt.

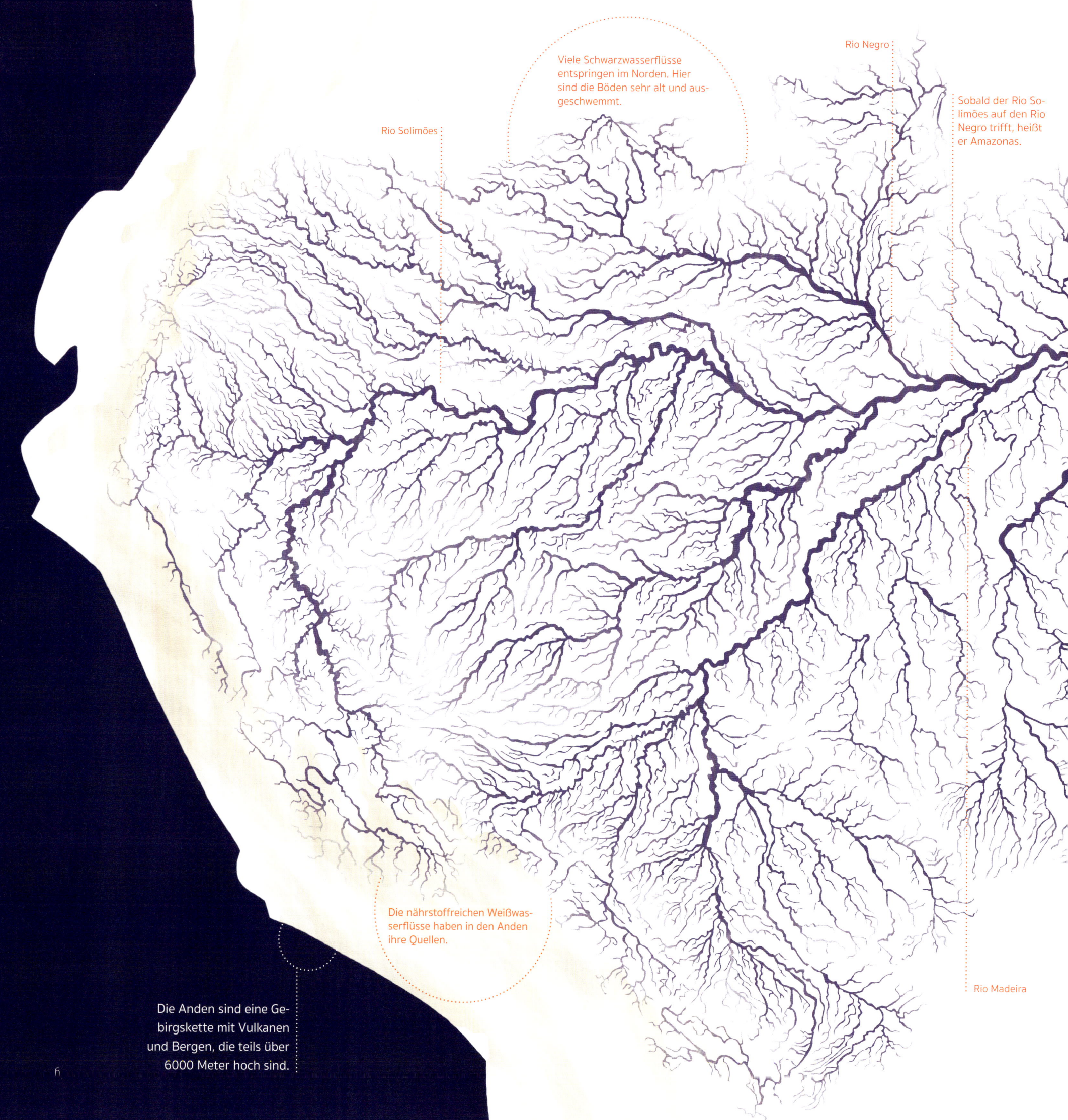

Rio Solimões

Rio Negro

Viele Schwarzwasserflüsse
entspringen im Norden. Hier
sind die Böden sehr alt und aus-
geschwemmt.

Sobald der Rio So-
limões auf den Rio
Negro trifft, heißt
er Amazonas.

Die nährstoffreichen Weißwas-
serflüsse haben in den Anden
ihre Quellen.

Rio Madeira

Die Anden sind eine Ge-
birgskette mit Vulkanen
und Bergen, die teils über
6000 Meter hoch sind.

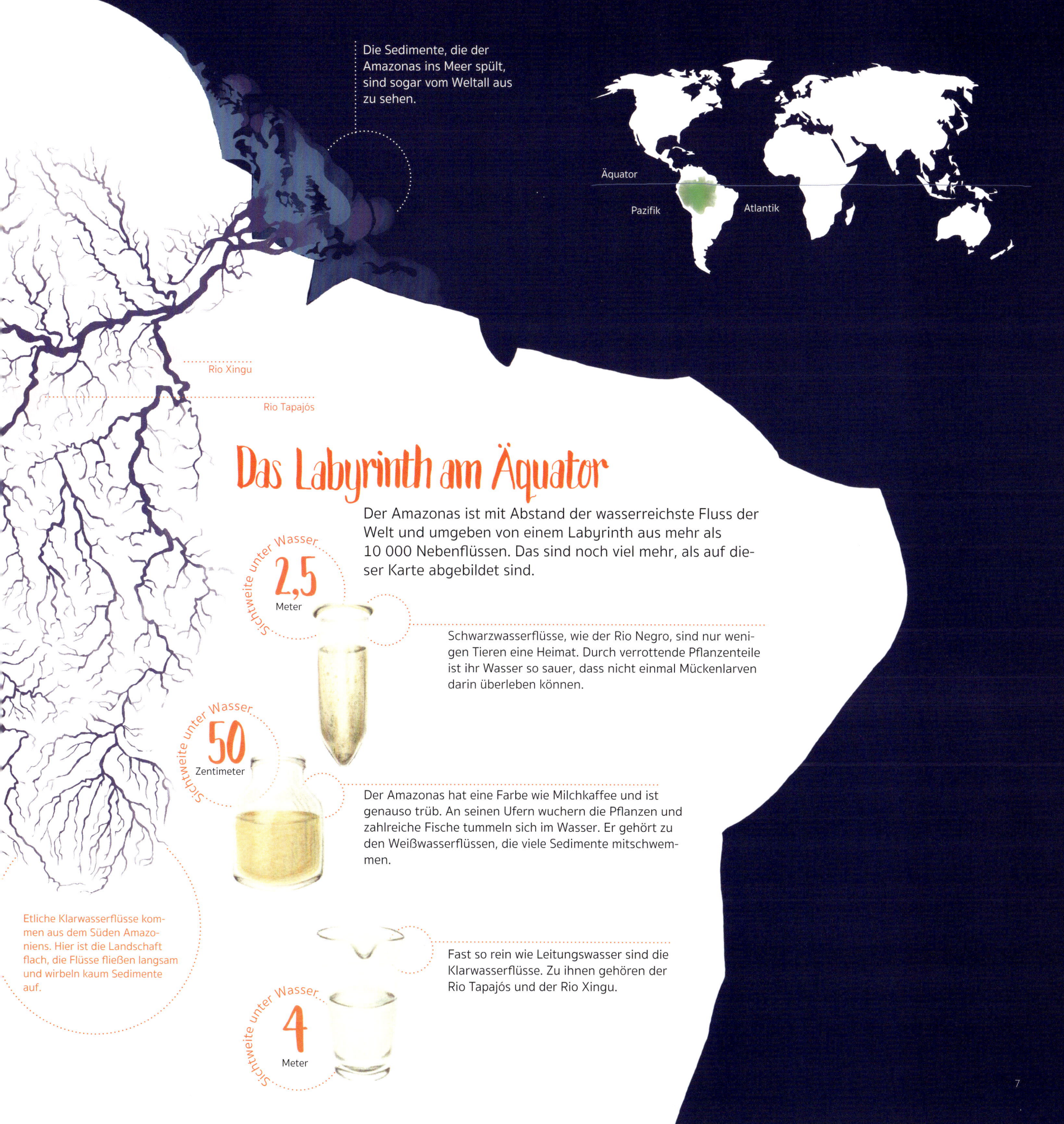

Die Sedimente, die der Amazonas ins Meer spült, sind sogar vom Weltall aus zu sehen.

Äquator

Pazifik

Atlantik

Rio Xingu

Rio Tapajós

Das Labyrinth am Äquator

Der Amazonas ist mit Abstand der wasserreichste Fluss der Welt und umgeben von einem Labyrinth aus mehr als 10 000 Nebenflüssen. Das sind noch viel mehr, als auf dieser Karte abgebildet sind.

Sichtweite unter Wasser

2,5 Meter

Schwarzwasserflüsse, wie der Rio Negro, sind nur wenigen Tieren eine Heimat. Durch verrottende Pflanzenteile ist ihr Wasser so sauer, dass nicht einmal Mückenlarven darin überleben können.

Sichtweite unter Wasser

50 Zentimeter

Der Amazonas hat eine Farbe wie Milchkaffee und ist genauso trüb. An seinen Ufern wuchern die Pflanzen und zahlreiche Fische tummeln sich im Wasser. Er gehört zu den Weißwasserflüssen, die viele Sedimente mitschwemmen.

Etliche Klarwasserflüsse kommen aus dem Süden Amazoniens. Hier ist die Landschaft flach, die Flüsse fließen langsam und wirbeln kaum Sedimente auf.

Fast so rein wie Leitungswasser sind die Klarwasserflüsse. Zu ihnen gehören der Rio Tapajós und der Rio Xingu.

Sichtweite unter Wasser

4 Meter

Die Stockwerke des Regenwaldes

Das Dickicht des Regenwaldes erscheint willkürlich und chaotisch. Forschende haben es dennoch geschafft, das Gewirr in verschiedene Stockwerke einzuteilen.

35°C

Baumriesen

Nur wenige Bäume wachsen so hoch wie der Kapok oder der Paranussbaum. Auf den starken Ästen der Giganten wuchern Bromelien, Farne und Orchideen.

Greifstachler

Arassari

30°C

Kronenregion

Das dichte Kronendach von Lokust-, Sandbüchsen-, Feigen- und anderen Bäumen bietet vielen Tieren Schutz. Zahlreich schwirren Insekten umher und erfreuen sich an den unterschiedlichsten Blüten.

Faultier

Totenkopfaffe

Grüner Leguan

25°C

Unterwuchs

Unter dem schattenspendenden Blätterdach gedeihen Palmen und Ameisenbäume. Diese Zone im Zwielicht gehört den Räubern und den Zikaden, die zirpend zwischen den Blättern sitzen.

Fadenpipra

Ozelot

Abgottschlange

23°C

Waldboden

Wenige Meter über dem Waldboden ist es immer feucht und dunkel. Farne, Moose und Pilze haben sich an ein Leben mit wenig Licht angepasst. Zwischen den modernden Blättern wandern Ameisen geschäftig umher und größere Tiere suchen nach herabgefallenen Früchten.

Gürteltier

Paka

60 Meter

Hellroter Ara

40 Meter

20 Meter

Der Gelbkopf-Chimachima pickt Zecken aus dem Fell des Tapirs.

1 Meter

9

Der Wald und sein Regen

In Amazonien sind Wasser und Licht die treibenden Kräfte. Durch den Einfluss des Regenwaldes bilden sich Wetterkreisläufe, die das Leben in all seiner Vielfalt fördern und formen. Ohne den Wald können Sonne und Regen zerstörerische Kräfte sein, die Pflanzen, Tieren und Menschen das Überleben schwer machen.

4 Die Wolken werden vom Passatwind nach Amazonien geweht.

5 An der Gebirgskette der Anden bleiben die Wolken hängen und regnen ab.

Die Wolken werden dunkler und die Wassertropfen darin immer größer und schwerer. Werden die Tropfen zu schwer, fallen sie als Regen auf die Erde.

Das Regenwasser versickert in der Erde.

6 Über die Gebirgsbäche sprudelt das Regenwasser in den Amazonas. Dieser schwemmt die Tropfen wieder ins Meer, wo sie einst verdunstet sind.

In Manaus regnet es jährlich
2287 Liter pro Quadratmeter

In Berlin regnet es jährlich
593 Liter pro Quadratmeter

3 Im Laufe des Tages kühlen die Wassertröpfchen ab und schließen sich zu größeren Wassertropfen zusammen. So entstehen Wolken. Dieser Vorgang heißt Kondensation.

27 000 000 Tonnen

Sandstaub aus der Sahara weht der Passatwind jährlich in das Amazonasgebiet. Der Staub enthält Nährstoffe. Diese ermöglichen den Regenwaldpflanzen, das ganze Jahr über üppig zu wuchern.

Im Laufe des Tages kühlen die Wassertröpfchen ab und schließen sich zu Wolken zusammen.

Sobald die Sonne scheint, beginnen die Bäume über ihre Blätter Wasser zu verdunsten. Sie geben winzige Wassertröpfchen frei, die in den Himmel schweben.

2 Das Wasser an der Meeresoberfläche erwärmt sich und ein Teil davon steigt als winzige Wassertröpfchen in den Himmel. Dieser Vorgang heißt Verdunstung.

1 Die kraftvollen Sonnenstrahlen treffen auf das Meer.

Die Wurzeln der Bäume saugen es auf, um am nächsten Tag wieder Wasser verdunsten zu können. So macht der Wald seinen eigenen Regen!

Ein Baum in Amazonien verdunstet

1000 Liter

Wasser am Tag

20 000 000 000 000 Liter

Wasser verdunsten im Amazonasgebiet täglich und bilden Wolken. Das ist mehr Wasser, als den Amazonas hinabfließt.

11

Gierig nach Licht

Licht ist für Pflanzen essenziell. Durch die Kraft der Sonne können Blätter Zucker produzieren, von dem sich die Pflanzen ernähren. Dank des warmen und feuchten Klimas wachsen die Pflanzen in Amazonien ohne Pause und der Kampf um Licht ist nie ausgefochten.

Wachsen mit Aussicht

Auf den Ästen der Regenwaldbäume gedeihen unzählige Pflanzen. Sie werden Epiphyten genannt. Über die Luft nehmen sie Nährstoffe auf, die der Passatwind in das Amazonasgebiet trägt. Der tägliche Regen versorgt die Epiphyten mit Wasser.

Das Opossum kommt zum Trinken an die Bromelie.

Die Bromelie fängt Wasser und Nährstoffe in ihren Blatttrichtern.

Mückenlarven leben in den Miniteichen.

Der Pfeilgiftfrosch nutzt die Bromelie als Kinderstube. Er trägt die Kaulquappen, die am Waldboden geschlüpft sind, hinauf in die Bäume. In einer wassergefüllten Bromelie wachsen die Jungen sicher auf.

Bromelien, Farne und Orchideen gehören zu den Epiphyten.

Die Liane ist eine Kletterpflanze. Sie keimt am Waldboden und wächst, an einen Baumstamm gestützt, dem Licht entgegen.

Die Wanderpalme neigt ihre Wedel ins Licht. Dazu muss sie sich ziemlich verbiegen. Um das Gleichgewicht zu halten, schlägt sie zusätzliche Wurzeln in den Boden.

Paranusskeimlinge können jahrelang warten, bis ein Baum fällt, um an seiner Stelle der Sonne entgegenzuwachsen.

Ameisenbaum

Baumriesen wie der Kapok werden bis zu 70 Meter hoch und überragen alle anderen Pflanzen in ihrer Umgebung.

Ameisen als Verbündete

Gegen Belastungen durch Epiphyten hat der Ameisenbaum ideale Helfer gefunden. Die Azteka-Ameisen wohnen in den hohlen Ästen des Ameisenbaumes und pflegen ihr Domizil: sie entfernen keimende Epiphyten von den Ästen, vertreiben gefräßige Insekten und schrecken auch nicht vor Faultieren zurück, die den Blättern des Ameisenbaumes gefährlich werden wollen.

Azteka-Ameise

13

Urzeiten Südamerikas

Über Jahrmillionen haben sich Landschaft, Pflanzen und Tiere gewandelt, um zu dem einzigartigen Ökosystem zu werden, das der Amazonasregenwald heute ist.

Vor **150 000 000** Jahren

Der Kontinent Gondwana bestand aus Südamerika, Afrika, Arabien, der Antarktis, Australien und Indien. Über die Gebiete des heutigen Afrika und Südamerika floss der Uramazonas.

Gondwana

Vor **130 000 000** Jahren

Durch die Bewegungen der Kontinente brach Gondwana auseinander. Das urzeitliche Südamerika trennte sich von Afrika, wodurch der Strom des Uramazonas von seinen Quellen in Afrika getrennt wurde.

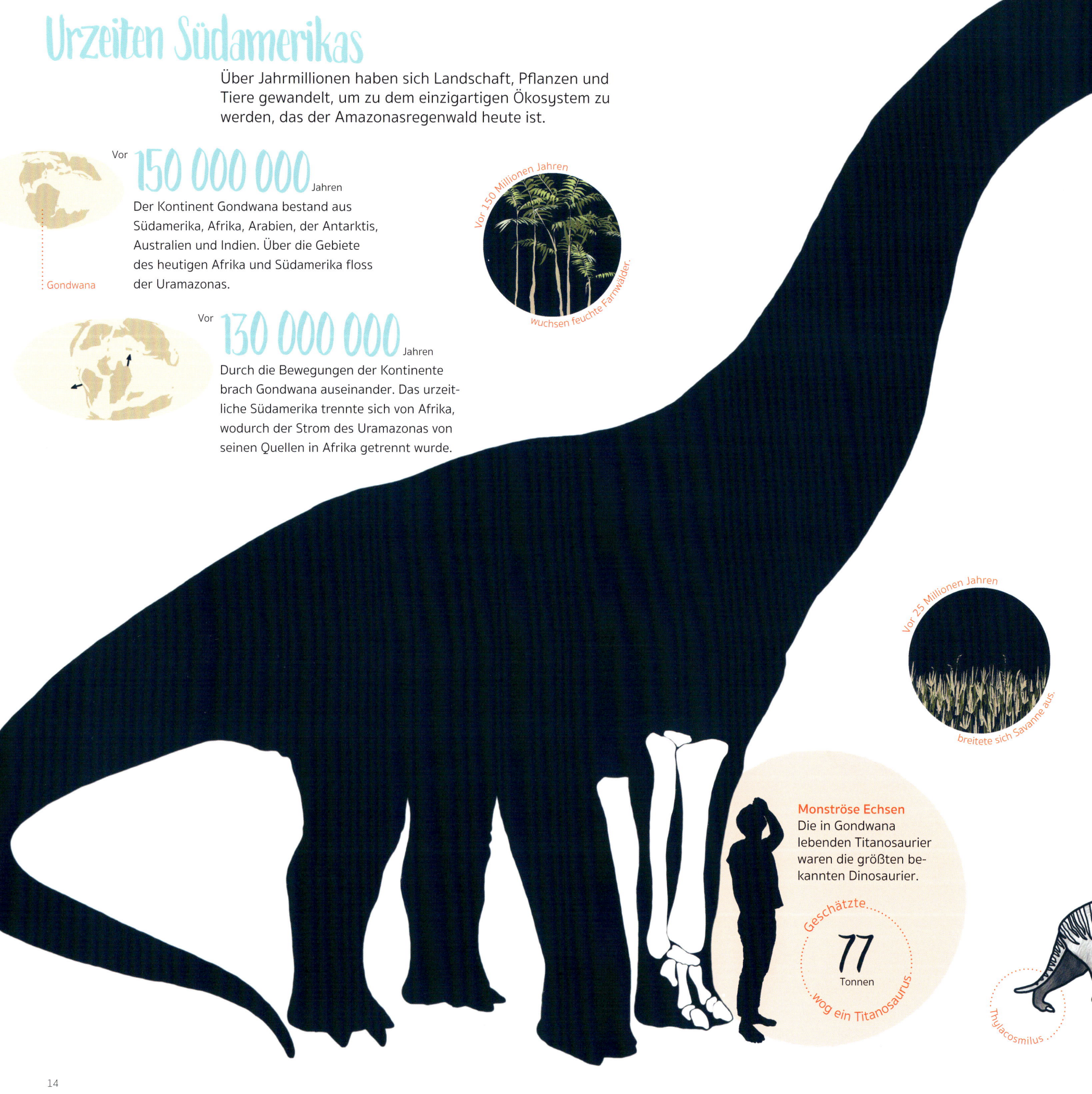

Vor 150 Millionen Jahren

wuchsen feuchte Farnwälder.

Vor 25 Millionen Jahren

breitete sich Savanne aus.

Monströse Echsen
Die in Gondwana lebenden Titanosaurier waren die größten bekannten Dinosaurier.

Geschätzte
77
Tonnen
wog ein Titanosaurus.

Thylacosmilus

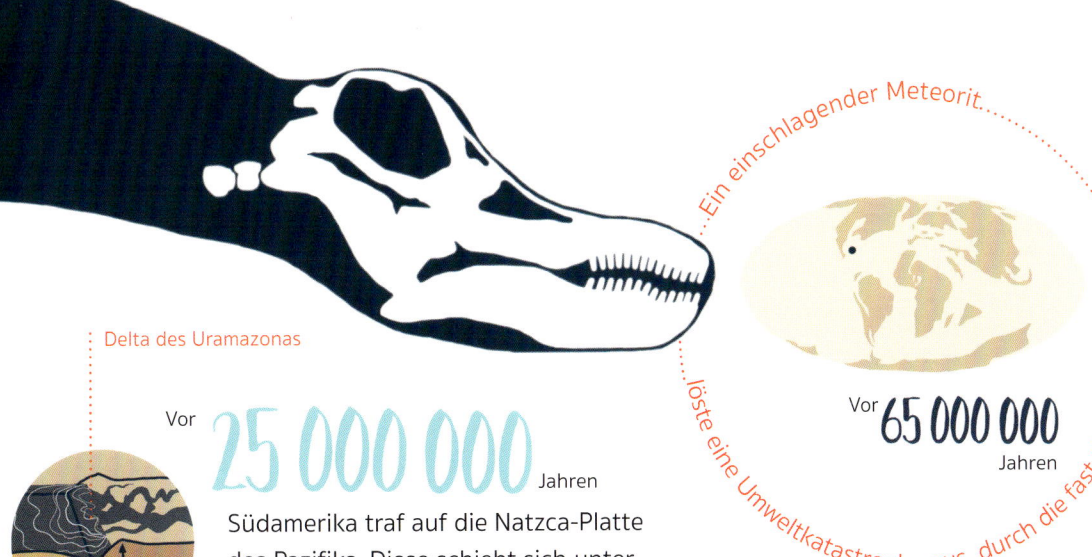

Ein einschlagender Meteorit...

...löste eine Umweltkatastrophe aus, durch die fast alle Tiere ausstarben...

Vor **65 000 000** Jahren

Delta des Uramazonas

Vor **25 000 000** Jahren
Südamerika traf auf die Natzca-Platte des Pazifiks. Diese schiebt sich unter den Kontinent und ließ die Anden entstehen.

Vor **5 000 000** Jahren
Südamerika neigte sich leicht nach Osten. Der Stausee lag nun höher als die Quellen des Amazonas und so änderte sich die Fließrichtung. Auch das Wasser des Stausees floss ab. Von nun an entwässerte sich der Amazonas von den Anden in den Atlantischen Ozean.

Vor **10 000 000** Jahren
Die Berge der Anden sind so hoch, dass der Amazonas nicht mehr in den Pazifik fließen kann. Ein riesiger Stausee entsteht am Rande der Bergkette.

Neue Arten
Einige Meerestiere wurden von den Bergen im Stausee eingeschlossen und passten sich dem Süßwasserlebensraum an.

Leopoldstechrochen.

Riesenfaultier...

vor 5 000 000 bis 11 000 Jahren

vor 58 000 000 bis 2 500 000 Jahren

Terrorvogel

vor 30 000 Jahren bis heute

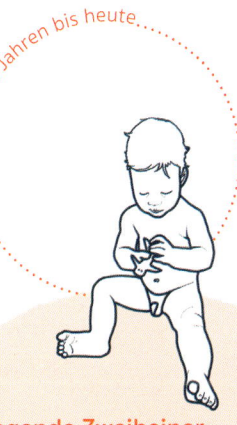

Jagende Zweibeiner
Mit der Ankunft der Menschen in Südamerika verschwanden die großen Tiere allmählich. Vermutlich waren sie leicht in der Landschaft auszumachen und hatten den Waffen der Menschen nicht viel entgegenzusetzen.

Machtwechsel
Der Meteoriteneinschlag verursachte das Aussterben der Dinosaurier. Zu den Überlebenden zählten einige Vögel und Säugetiere, die sich vielfältig entwickelten und die Welt eroberten.

2 Tonnen Glyptodon

Diese Angaben sind Durchschnittswerte.

Anzahl der Nüsse
18

Länge
30
Zentimeter

Gewicht
3,4
Kilo

Gewicht
2,5
Kilo

Entwicklungszeit
9
Monate

Entwicklungszeit
15
Monate

Alter
500
Jahre

Alter
79
Jahre

Paranussbaum

Die männlichen Pracht-
bienen sammeln Duftstoffe
um den Weibchen zu ge-
fallen.

Die Paranussblüten sind mit einem Blütenblatt verschlossen. Nur starke Insekten kommen an den Nektar im Inneren heran.

Kreisläufe

In Amazonien sind viele Formen des Lebens voneinander abhängig. Selbst majestätische Pflanzen wie der Paranussbaum sind keine Einzelkämpfer, sondern Teile komplexer Kreisläufe.

Naturbelassene Wälder strotzen vor vielfältigem Leben. Empfindliche Pflanzen, wie zahlreiche Orchideenarten, gibt es nur hier.

Die Orchideen werden von Prachtbienen bestäubt. Im Gegenzug erhalten die Bienen Duftstoffe, die sie zur Fortpflanzung verwenden.

Die Prachtbienen sammeln an den Blüten des Paranussbaumes Nahrung. Dabei bestäuben sie den Baum und sorgen dafür, dass dieser Früchte bilden kann.

Der Paranussbaum braucht das Aguti, um seine Nüsse zu verbreiten. Der kleine Nager knackt die reifen Früchte und versteckt alle Nüsse, die er nicht sofort frisst, weit verteilt im Unterholz.

Wenn die Paranussfrucht reif ist, fällt sie durch das Blätterdach krachend zu Boden.

Das Aguti ist das einzige Tier, das die harte Hülle der Paranüsse knacken kann.

Nicht jede Nuss wird vom Aguti gefressen; so können neue Paranussbäume wachsen.

17

Mangel im Überfluss

Das üppige Pflanzendickicht in Amazonien lässt vermuten, dass der Waldboden fruchtbar ist. Doch der Schein trügt. In der Erde finden sich kaum Nährstoffe. Sie sind überwiegend in den Pflanzen und Tieren des Waldes enthalten.

Ein Kreislauf der Nährstoffe
Wenn ein Tier stirbt oder ein welkes Blatt vom Baum fällt, wird es zersetzt.

Es dauert nicht lange, bis Würmer, Käfer und Fliegen die Überreste entdeckt haben. Diese Zersetzer ernähren sich davon.

Auch Bakterien leisten ihren Beitrag.

Bei der Zersetzung werden Nährstoffe frei. Die umstehenden Pflanzen nehmen diese über ihre Wurzeln auf und der Nährstoffkreislauf beginnt von Neuem.

Sauerstoff und Regen zerstören mit der Zeit sogar die härteste Substanz.

Nach einer Weile treten Pilze in Erscheinung. Mit hauchfeinen Fäden, dem Myzel, zersetzen sie, was kein Tier mehr fressen will.

Vielfaltfördernde Eiszeit

Der Hauptgrund für die Vielzahl von Arten liegt in der Vergangenheit. Während der letzten Eiszeit schrumpfte der tropische Wald. Es blieben voneinander getrennte Waldreste, in denen sich Tiere und Pflanzen unterschiedlich weiterentwickelten. Sie wurden zu neuen Arten. Als es vor 11700 Jahren wieder wärmer wurde, wuchsen die Waldreste zusammen und das heutige Amazonien entstand.

Vielfaltfördernde Armut

Das gleichbleibende Klima am Amazonas und der Nährstoffmangel fördern die Artenvielfalt. Pflanzen und Tiere besetzen verschiedene Nischen im Ökosystem: sie entwickeln immer neue Methoden, um nicht gefressen zu werden und um Nahrung zu bekommen. Dabei ändert sich, über Jahrtausende, ihr Aussehen und ihr Verhalten. Dieser Vorgang heißt Evolution.

Der Adlerschnabelkolibri hat sich auf Helikonienblüten spezialisiert.

Die Zierelfe saugt Nektar aus kurzen Blüten.

Mit dem langen Schnabel kommt der Schwertschnabelkolibri an den Nektar tiefer Blüten.

Zwergseidenaffe

Acouchi

Netzbaumsteiger

Vielfaltfördernde Flüsse

Die Verbreitungsgebiete etlicher Arten sind immer noch begrenzt. Besonders für kleine Tiere sind die vielen Flüsse eine unüberwindbare Barriere. Daher entwickeln sich auch heute noch neue Arten.

Callicore lyca

Dione juno

Heliconius numata

Cithaerias pireta

Pierella hyceta

Panacea prola

Agraulis vanillae lucina

Urania fulgens

Amazonien ist der artenreichste Lebensraum der Welt.

Über 1500 Vögel

Weit mehr als 3000 Fische

Mehr als 420 Säugetiere

Mindestens 40000 Pflanzen

Die Zahlen der Amphibien, Reptilien und Insekten sind nicht bekannt, da viele Arten noch nicht entdeckt oder unerforscht sind.

Callicore sorana

Papilio thoas

Diaethria clymena

Greta morgane

Callicore eunomia

Heliconius erato emma

Dryadula phaetusa

Urania leilus

Batesia hypochlora

Heliconius hecale

21

Hunger

Im Dickicht des Regenwaldes geht es immer ums Fressen und Gefressen werden. Pflanzenfresser können nicht genug bekommen von saftigem Grün, Früchten und Blüten, während bei Allesfressern auch Tiere auf dem Speiseplan stehen. Vor hungrigen Mäulern müssen sich auch die meisten Fleischfresser in Acht nehmen, denn nur wenige große Jäger haben keine natürlichen Feinde.

Der Riesenotter ist ein wendiger Schwimmer bei der Jagd nach Fischen.

Die Schlange *Dipsas catesbyi* hat sich auf die Schneckenjagd spezialisiert.

Arrauschildkröte

Neunbindengürteltier

Der Piranha frisst am liebsten kranke und verletzte Tiere.

Capybara

Schmetterlinge lieben Nektar. Um an Salz zu kommen, saugen sie manchmal auch an der Tränenflüssigkeit von Kaimanen.

Die Apfelschnecke lebt unter Wasser und labt sich dort an Algen.

Schwarzlinienharnischwels

Farn

Aller Anfang
Die Grundlage der Nahrungsnetze bilden überwiegend Pflanzen. Sie erzeugen mithilfe von Sonnenlicht und Wasser ihre Nahrung selbst.

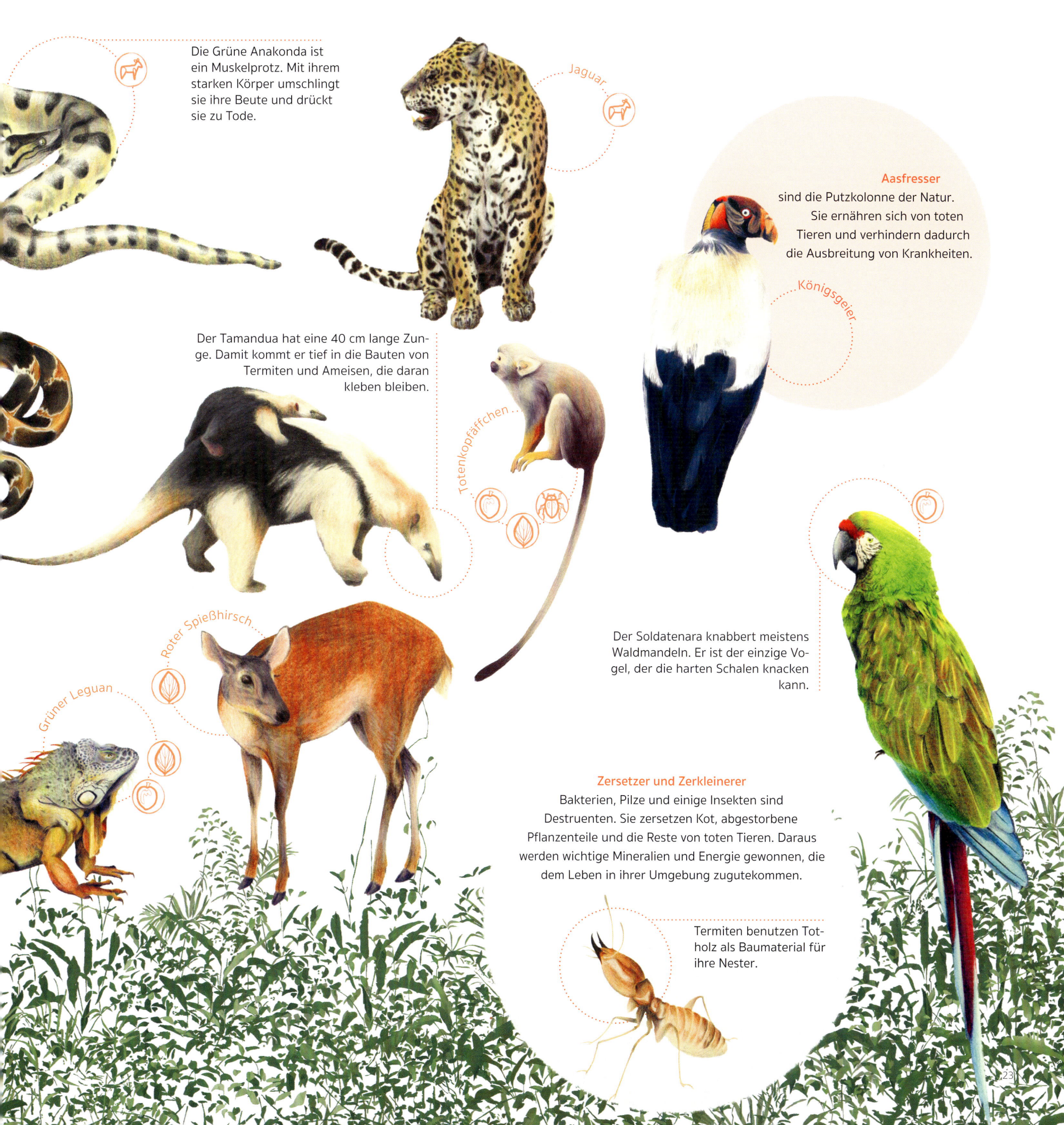

Die Grüne Anakonda ist ein Muskelprotz. Mit ihrem starken Körper umschlingt sie ihre Beute und drückt sie zu Tode.

Jaguar

Aasfresser
sind die Putzkolonne der Natur. Sie ernähren sich von toten Tieren und verhindern dadurch die Ausbreitung von Krankheiten.

Königsgeier

Der Tamandua hat eine 40 cm lange Zunge. Damit kommt er tief in die Bauten von Termiten und Ameisen, die daran kleben bleiben.

Totenkopfäffchen

Roter Spießhirsch

Grüner Leguan

Der Soldatenara knabbert meistens Waldmandeln. Er ist der einzige Vogel, der die harten Schalen knacken kann.

Zersetzer und Zerkleinerer
Bakterien, Pilze und einige Insekten sind Destruenten. Sie zersetzen Kot, abgestorbene Pflanzenteile und die Reste von toten Tieren. Daraus werden wichtige Mineralien und Energie gewonnen, die dem Leben in ihrer Umgebung zugutekommen.

Termiten benutzen Totholz als Baumaterial für ihre Nester.

23

Tarnen, warnen und überlisten

Für Jäger und Gejagte gilt dieselbe Regel: Wer Erfolg haben möchte, muss unauffällig sein, wachsam und schnell. Manche Kandidaten haben sich in diesem Rennen Erstaunliches einfallen lassen.

Die Nachtaffen schlafen tagsüber in Baumhöhlen. Nachts turnen sie durch die Bäume und müssen dabei die süßen Früchte nicht mit anderen Affen teilen.

Dreistreifen-Baumsteiger

Gelbgebänderter Baumsteiger

Blauer Baumsteiger

Das Große Hasenmaul fliegt im Zick-Zack über Gewässer und orientiert sich durch Echoortung. Mit den Krallen fängt es Fische.

Das Quaken unzähliger Frösche erfüllt den nächtlichen Wald. Aber sie sind schwer zu sehen. Viele tarnen sich mit Grün- und Brauntönen. Die Pfeilgiftfrösche setzen hingegen auf grelle Farben, um Feinde abzuschrecken — denn sie sind genauso giftig, wie sie aussehen. Das Gift können manche Froscharten selbst produzieren. Andere verspeisen besondere Insekten und sondern deren Gifte über die Haut wieder ab.

Mit den kleinen Augen sieht der Flussdelfin nicht gut. Stattdessen verlässt sich das wendige Tier auf seine Echoortung. Damit findet es sich in seiner Umgebung zurecht und geht auf Fischjagd.

Der Arowana setzt auf den Überraschungseffekt. Er springt bis zu zwei Meter aus dem Wasser und „pflückt" die überrumpelte Beute von den Blättern.

Der Blattfisch imitiert ein welkes Blatt und lässt sich mit der Strömung treiben. Perfekt getarnt kann er jagen, ohne selbst gefressen zu werden.

Die elektrischen Organe des Zitteraals können starke Stromstöße erzeugen. Er nutzt sie hauptsächlich zur Jagd.

Reglos wartet die Matamata auf Fische. Kommt einer in die Nähe ihres Maules, schnappt sie blitzschnell zu.

Wundervolles Faultier

Unauffällig grau, leise und langsam ist das Faultier. Doch der Schein trügt: Hinter der langweiligen Fassade verbirgt sich ein Wunder der Anpassung.

Zwischen den Haaren des Faultiers leben Motten, welche die Algen im Fell düngen.

Im Wasser ist das Faultier...

3
mal sneller
...als in den Bäumen.

Badevergnügen

Der Wasserstand der amazonischen Flüsse schwankt jahreszeitenbedingt. Daher muss das Faultier manchmal zu neuen Futterbäumen schwimmen.

Durch die grünen Algen, die im Fell wachsen, ist das Dreifingerfaultier sehr gut getarnt.

Die drei Krallen sind gebogen. Damit kann sich das Faultier ohne Anstrengung im Geäst hängen lassen.

Faultiere sind kurzsichtig. Sie orientieren sich anhand von Gerüchen.

Das Faultier muss

1

mal pro Woche

Warum ist das Faultier so träge?
Das Dreifinger-Faultier isst Blätter, die wenig Energie liefern. Sein Stoffwechsel hat sich daran angepasst und läuft auf Sparflamme. Es kann sich nur langsam bewegen und die Verdauung der Blätter dauert lange.

27

Klein und trickreich

Auch für kleine Tiere ist das Leben im Wald kein Zuckerschlecken. Vögel, Fledermäuse und Frösche sind hinter den zahlreichen Winzlingen her. Doch leichte Beute sind sie nicht. Jedes noch so filigrane Tier hat eine Strategie, um im Regenwald zu überleben.

Ein klebriges Verhängnis
Jedes Insekt, das sich in ihrem Netz verfängt, soll auch verfangen bleiben. Deswegen geht die goldene Seidenspinne auf Nummer sicher und spinnt ihr Netz aus besonders stabilen Fäden. Diese sind sogar reißfester als ein Stofffaden aus Nylon.

Viele Heuschrecken, Nachtfalter und Schmetterlinge haben ihr Aussehen so gut an die Umgebung angepasst, dass sie nur schwer zu erkennen sind. Erst ihre Bewegungen verraten die getarnten Tiere.

Seidenspinnenweibchen werden 10 cm und größer.

Nachtfalter

Warnende Rhythmen
Wenn eine Papierwespe zusticht, bringt das dem Gestochenen nicht nur ungeheure Schmerzen, sondern der Wespe auch den Tod. Daher stechen diese Insekten nur, wenn die Existenz ihres gesamten Nests bedroht ist.
Fühlen sich die Papierwespen bedroht, greifen sie nicht sofort an, sondern warnen zuerst. Dazu schlagen alle Wespen gemeinsam rhythmisch die Flügel aufeinander. Das hört sich so an, als würde eine Wespenarmee im Gleichschritt durch das Nest marschieren.

Laubheuschrecke

Männliche Seidenspinnen sind nur 3 cm groß und leben im Nest des Weibchens.

Glasflügelschmetterling

Die Gottesanbeterin hat mit ihrer Tarnung eine Lösung für zwei Probleme. Zwischen Blättern versteckt sie sich vor ihren Feinden. Gleichzeitig lauert sie unbemerkt auf Beute: Insekten und kleine Vögel.

Der Pinocchio-Anolis ist ein Meister der Tarnung. Lange Zeit galt er als ausgestorben, da nicht einmal Forschende ihn finden konnten.

Der Laternenträger, eine Zikade, hat einen ungewöhnlich großen Kopf. Wird der Laternenträger von der Seite betrachtet, sieht er fast so aus wie eine Eidechse. Deshalb wird er von kleinen Reptilien nicht gefressen.

29

Die Blattschneiderinnen können Blattstücke tragen, die zehnmal schwerer sind als sie selbst.

Nicht jeder hat vor einer Vogelspinne Angst. Der Engmaulfrosch lebt sogar mit ihr zusammen. Er frisst die parasitären Milben, von denen die Spinne befallen wird. Zum Dank akzeptiert ihn die Vogelspinne als Mitbewohner und der Engmaulfrosch hat eine sichere Behausung.

Unter der Erde verbirgt sich der größte Schatz der Blattschneiderameisen: eine Schimmelpilzkultur.

Regelmäßig kontrollieren die Arbeiterinnen die Pilzkultur auf Sporen anderer Pilze. Denn ihr schwammiger Schimmelpilz kann von Schlauchpilzen befallen werden. Das wäre das Ende für Pilz und Ameisen.

Die Königin ist die einzige in der Ameisenkolonie, die Eier legt und so für Nachwuchs sorgt.

Gemeinsame Sache

Der Regenwald ist kein Ponyhof. Um sich das Leben leichter zu machen, arbeiten viele Bewohner Amazoniens zusammen. Eine Zusammenarbeit, aus der beide Seiten Vorteile ziehen, wird „Symbiose" genannt. Ein Musterbeispiel für Symbiose sind die Blattschneiderameisen und ihr Pilz.

Ein ausgeklügeltes System an Belüftungsschächten sorgt stets für Frischluft im Ameisenbau.

Eine Ameisenkolonie erntet

80

Kilogramm pro Tag

Von den Arbeiterinnen fein zerkaut, dient das frische Blattgrün dem Pilzgebilde als Nährboden.

Die Fäden des Pilzes werden zurückgeschnitten. Dadurch bildet der Pilz energiereiche Knollen, die Nahrung der Ameisen.

Dungkäferlarven ernähren sich von den Abfällen der Ameisen.

Die Blattschneiderameisen sind gründliche Gesellen. Kot und andere Abfälle werden in eigens dafür angelegten Abfallkammern entsorgt.

Auch Pflanzen können Parasiten sein. Diese Würgefeige erdrückte mit ihren langen Luftwurzeln einen anderen Baum, um an seiner Stelle zu wachsen.

Der Vampir des Wassers

Blutsauger gibt es nicht nur in der Luft. Der Parasit der amazonischen Flüsse ist der Candirú. Dieser Fisch schwimmt in die Kiemenöffnungen größerer Fische, um deren Blut zu trinken. Dass der Candirú auch in menschliche Penisse schwimmt, ist eine Legende.

gut durchblutete Kiemen

Der Candirú beißt sich an den Kiemen fest

1

Tödliche Umarmung

Die Samen der Würgefeige werden von Affen und Vögeln verteilt. Landet ein Samen auf einem geeigneten Baum, beginnt er zu keimen. Der Keimling lebt von Regenwasser und Nährstoffen aus der Luft.

2

Sobald die Wurzeln den Waldboden erreicht haben, bekommt die Würgefeige genug Wasser und Nährstoffe, um den Baum zu überwuchern.

3

Die Wurzeln der Feige werden immer dicker, umschlingen den Baumstamm und drücken ihn ein.

4

Nach mehreren Jahren stirbt der Baum schließlich. Die Würgefeige hat erfolgreich seinen Platz an der Sonne eingenommen.

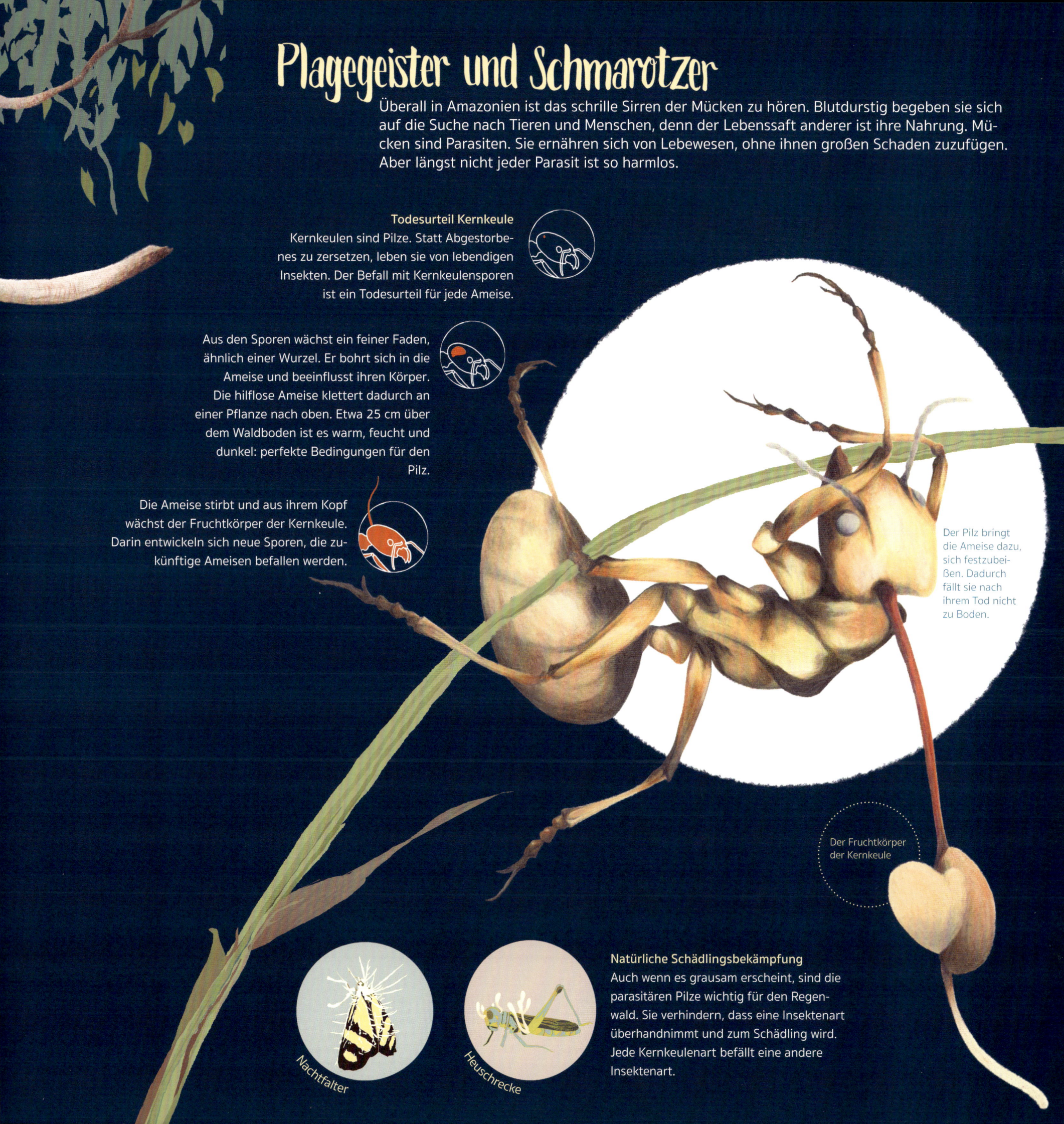

Plagegeister und Schmarotzer

Überall in Amazonien ist das schrille Sirren der Mücken zu hören. Blutdurstig begeben sie sich auf die Suche nach Tieren und Menschen, denn der Lebenssaft anderer ist ihre Nahrung. Mücken sind Parasiten. Sie ernähren sich von Lebewesen, ohne ihnen großen Schaden zuzufügen. Aber längst nicht jeder Parasit ist so harmlos.

Todesurteil Kernkeule
Kernkeulen sind Pilze. Statt Abgestorbenes zu zersetzen, leben sie von lebendigen Insekten. Der Befall mit Kernkeulensporen ist ein Todesurteil für jede Ameise.

Aus den Sporen wächst ein feiner Faden, ähnlich einer Wurzel. Er bohrt sich in die Ameise und beeinflusst ihren Körper. Die hilflose Ameise klettert dadurch an einer Pflanze nach oben. Etwa 25 cm über dem Waldboden ist es warm, feucht und dunkel: perfekte Bedingungen für den Pilz.

Die Ameise stirbt und aus ihrem Kopf wächst der Fruchtkörper der Kernkeule. Darin entwickeln sich neue Sporen, die zukünftige Ameisen befallen werden.

Der Pilz bringt die Ameise dazu, sich festzubeißen. Dadurch fällt sie nach ihrem Tod nicht zu Boden.

Der Fruchtkörper der Kernkeule

Nachtfalter

Heuschrecke

Natürliche Schädlingsbekämpfung
Auch wenn es grausam erscheint, sind die parasitären Pilze wichtig für den Regenwald. Sie verhindern, dass eine Insektenart überhandnimmt und zum Schädling wird. Jede Kernkeulenart befällt eine andere Insektenart.

Victoria amazonica

Sie ist die Größte unter den Seerosen. Deshalb wurde die Amazonas-Rie-
senseerose nach der englischen Königin Victoria benannt. Und wie jede
Königin, hofft auch die *Victoria amazonica* auf zahlreiche Nachkommen,
die ihre Herrschaft im Wasser weiterführen.

Bienchen und Blümchen

Viele Pflanzen bilden Samen, um sich zu vermehren. Dabei brauchen sie Hilfe: Insekten, Vögel, kleine Säugetiere
oder der Wind sind nützlich bei der Bestäubung.
Die *Victoria amazonica* ist auf Käfer angewiesen, um
Samen zu produzieren. Die Käfer gehen aber keinesfalls
leer aus, denn Bestäubung ist zumeist auch zum Vorteil
des Bestäubers.

Durchmesser

3 Meter

80 Kilo

Gewicht kann ein Blatt tragen

ist im Inneren 10 °C wär-
mer als die Umgebung

duftet nach Ananas

lockt Käfer an

bringt Pollen

In der ersten Nacht

Eine Blütenknospe wächst ihren Weg nach oben.

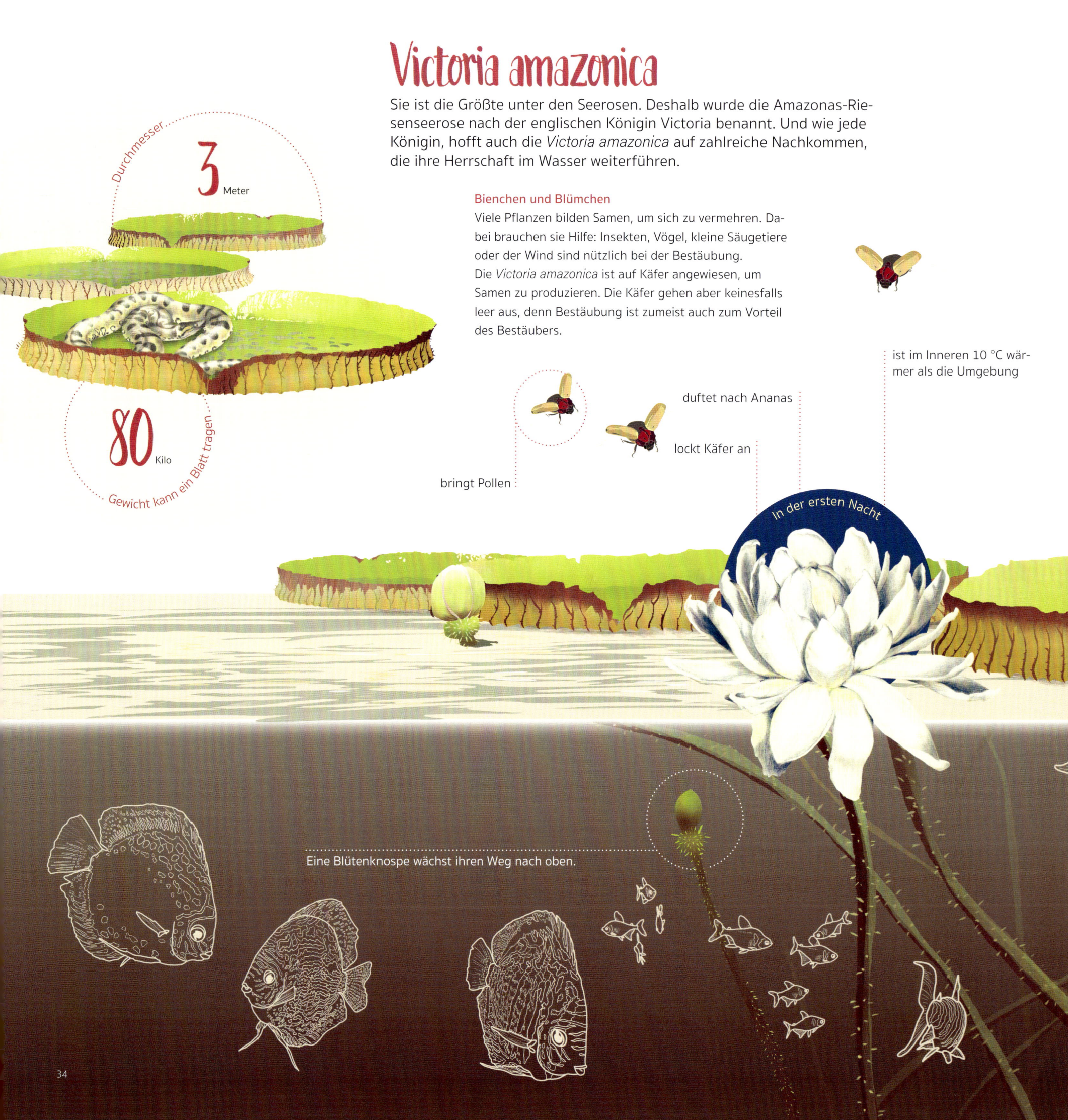

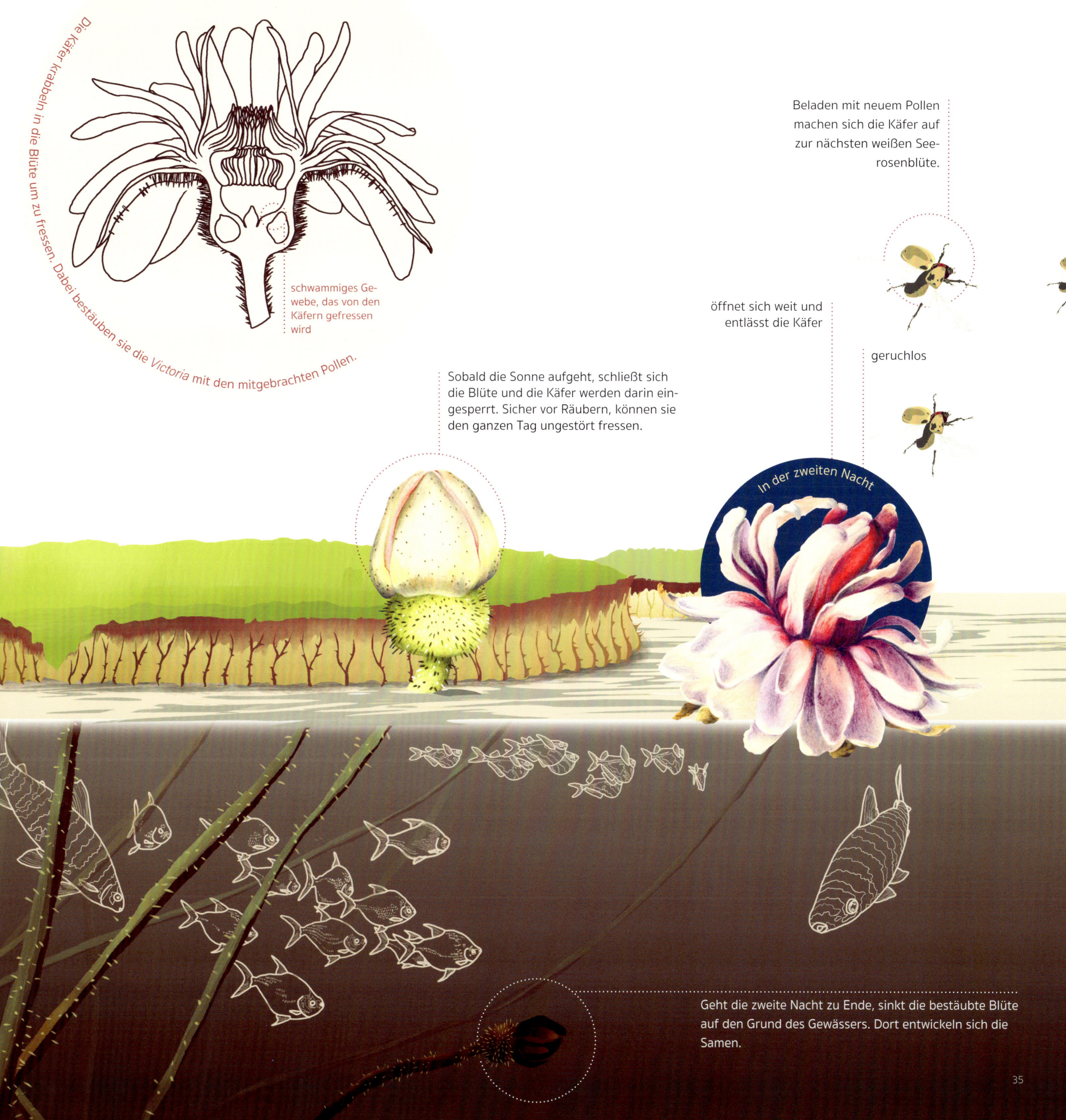

Die Käfer krabbeln in die Blüte um zu fressen. Dabei bestäuben sie die Victoria mit den mitgebrachten Pollen.

schwammiges Gewebe, das von den Käfern gefressen wird

Beladen mit neuem Pollen machen sich die Käfer auf zur nächsten weißen Seerosenblüte.

öffnet sich weit und entlässt die Käfer

geruchlos

Sobald die Sonne aufgeht, schließt sich die Blüte und die Käfer werden darin eingesperrt. Sicher vor Räubern, können sie den ganzen Tag ungestört fressen.

In der zweiten Nacht

Geht die zweite Nacht zu Ende, sinkt die bestäubte Blüte auf den Grund des Gewässers. Dort entwickeln sich die Samen.

Im dichten Blattwerk fällt der Anolis kaum auf. Um bei der Partnersuche nicht übersehen zu werden, hat das Männchen einen bunten Hautlappen an der Kehle. Den klappt es auf, wenn ein Weibchen in der Nähe ist.

Angeber im Unterholz

Überall im Regenwald suchen Tiere nach Futter, sicheren Verstecken und Partnern. Das Balzverhalten ist dabei sehr unterschiedlich.

Die Liebe ins Gesicht geschrieben

Die dünne Gesichtshaut der Uakaris lässt das Blut durchschimmern. Gesunde Affen haben eine kräftige Farbe.

Bei kranken Tieren verblasst das Gesicht. Das hängt mit dem Blutdruck zusammen, der bei gesunden Uakaris höher ist.

Wenn sich zwei Affen gefallen, schlagen ihre Herzen automatisch schneller — wie auch bei Menschen. Der erhöhte Herzschlag macht sich im Gesicht bemerkbar; mit hochroten Köpfen gestehen sich Uakaris gegenseitig ihr Interesse.

Mit geplusterten Federn und schnellen Sprüngen versucht das Fadenpipramännchen, dem Weibchen zu gefallen.

Die schillernden Schmuckfedern und die anstrengende Flugakrobatik des Männchens gefallen der weiblichen Flaggensylphe.

Krabbelnde Kraftprotze

Tanzen ist nicht gerade eine Stärke der Herkuleskäfer. Ganz die Machos, bevorzugen sie Ringkämpfe, um ihre Kraft unter Beweis zu stellen.

Das Herz der Dame gehört dem Gewinner.

Der Verlierer wird hochgestemmt und vom Ast geworfen. Er muss sich mit anderen Käfern messen.

Bei den Rotstirnblatthühnchen ist Kindergroßziehen Männersache. Das Männchen brütet die Eier aus und bringt seinen Küken alles Wichtige über das Leben bei.

Das Weibchen hat ein großes Revier, das sie gegen Konkurrentinnen verteidigt. In ihrem Revier leben bis zu vier Männchen und die gemeinsamen Küken.

Unter der Haut
Um ihre Eier zu schützen, trägt die Wabenkrötenmutter das Gelege auf dem Rücken. Innerhalb weniger Stunden sinkt es in die Haut der Mutter ein. Nach 5 Monaten schlüpfen die kleinen Kröten aus den Rückenwaben.

Eier auf dem Rücken

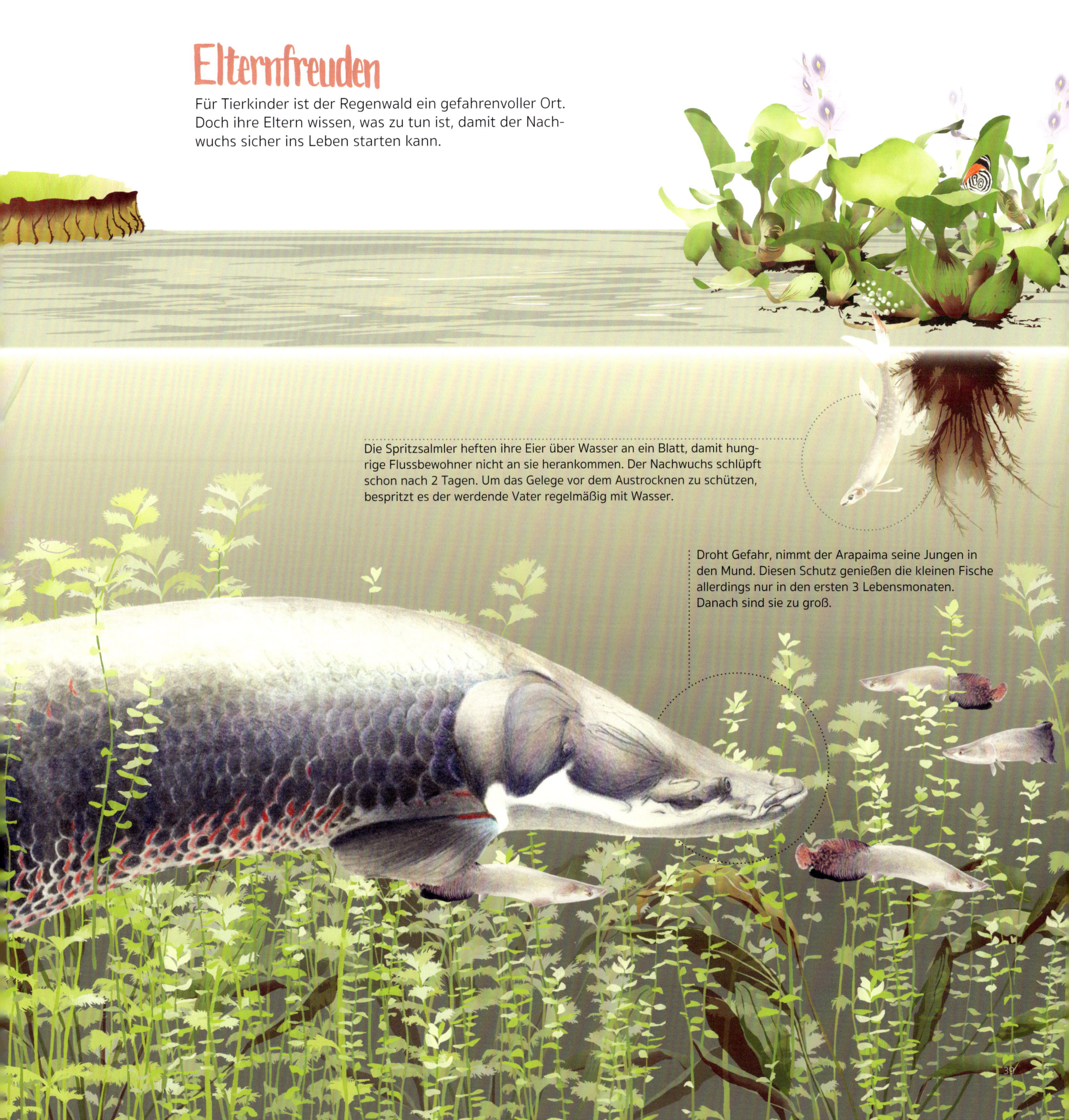

Elternfreuden

Für Tierkinder ist der Regenwald ein gefahrenvoller Ort. Doch ihre Eltern wissen, was zu tun ist, damit der Nachwuchs sicher ins Leben starten kann.

Die Spritzsalmler heften ihre Eier über Wasser an ein Blatt, damit hungrige Flussbewohner nicht an sie herankommen. Der Nachwuchs schlüpft schon nach 2 Tagen. Um das Gelege vor dem Austrocknen zu schützen, bespritzt es der werdende Vater regelmäßig mit Wasser.

Droht Gefahr, nimmt der Arapaima seine Jungen in den Mund. Diesen Schutz genießen die kleinen Fische allerdings nur in den ersten 3 Lebensmonaten. Danach sind sie zu groß.

Verwandlungskünstler

Viele Tiere verändern ihr Aussehen, während sie wachsen. Vogelküken verlieren ihre flaumigen Federn und Tapire das Streifenmuster. Wird eine Raupe erwachsen, verwandelt sie sich in einen Falter. Dieser Prozess heißt Metamorphose.

Morphofalter

Nach dem Schlüpfen fängt die kleine Raupe sofort zu fressen an. Die alte Eihülle wird zur ersten Mahlzeit ihres Lebens.

Schlüpft der Schmetterling aus der Puppe, ist der Großteil seiner Lebenszeit schon vorbei.

Harpyie

Ihr Nest befindet sich hoch oben in einem Baumriesen. Sobald das erste Küken geschlüpft ist, wird das zweite Ei ignoriert. Daraus schlüpft meistens kein Küken mehr.

Obwohl der junge Vogel schon fliegen kann, wird er noch 6 bis 10 Monate von den Eltern mit Nahrung versorgt.

Gewicht
250
Kilo

Lebenszeit
30
Jahre

Flügelspannweite
12
Zentimeter

Lebenszeit
40
Tage

Flachlandtapir

Mit 4 Monaten wird das Junge entwöhnt. Es bleibt aber noch 6 Monate bei der Mutter.

Nachdem es 14 Monate im mütterlichen Bauch verbracht hat, kommt das Tapirjunge als Einzelkind auf die Welt. Die Streifen helfen ihm bei der Tarnung.

Lebenszeit
30
Jahre

Flügelspannweite
2
Meter

Eier
2000

Herkuleskäfer
Den Großteil seines Lebens verbringt der Herkuleskäfer als Larve in modrigen Baumstämmen.

Schmuckhornfrosch
Schon unter den Kaulquappen macht sich enorme Gefräßigkeit bemerkbar: Größere Kaulquappen fressen die kleineren auf.

Der kleine Hornfrosch braucht 4 Jahre, um seine volle Größe zu erreichen.

Die Larve gräbt sich in die Erde ein, verpuppt sich und nach 6 Wochen schlüpft der Herkuleskäfer.

Lebenszeit
15
Jahre

Gewicht
1,75
Kilo

Körperlänge
17
Zentimeter

Lebenszeit
6
Monate

Der Schmuckhornfrosch verbringt seine Zeit mit warten und fressen: Zwischen verrottenden Blättern vergraben, lauert er auf Beute. Der Hornfrosch verschlingt Tiere, die genauso groß sind wie er selbst.

41

Wie die ersten Menschen
nach Südamerika kamen, ist immer noch
umstritten. Die ältesten menschlichen Zeugnisse sind
über 30 000 Jahre alte Felszeichnungen.

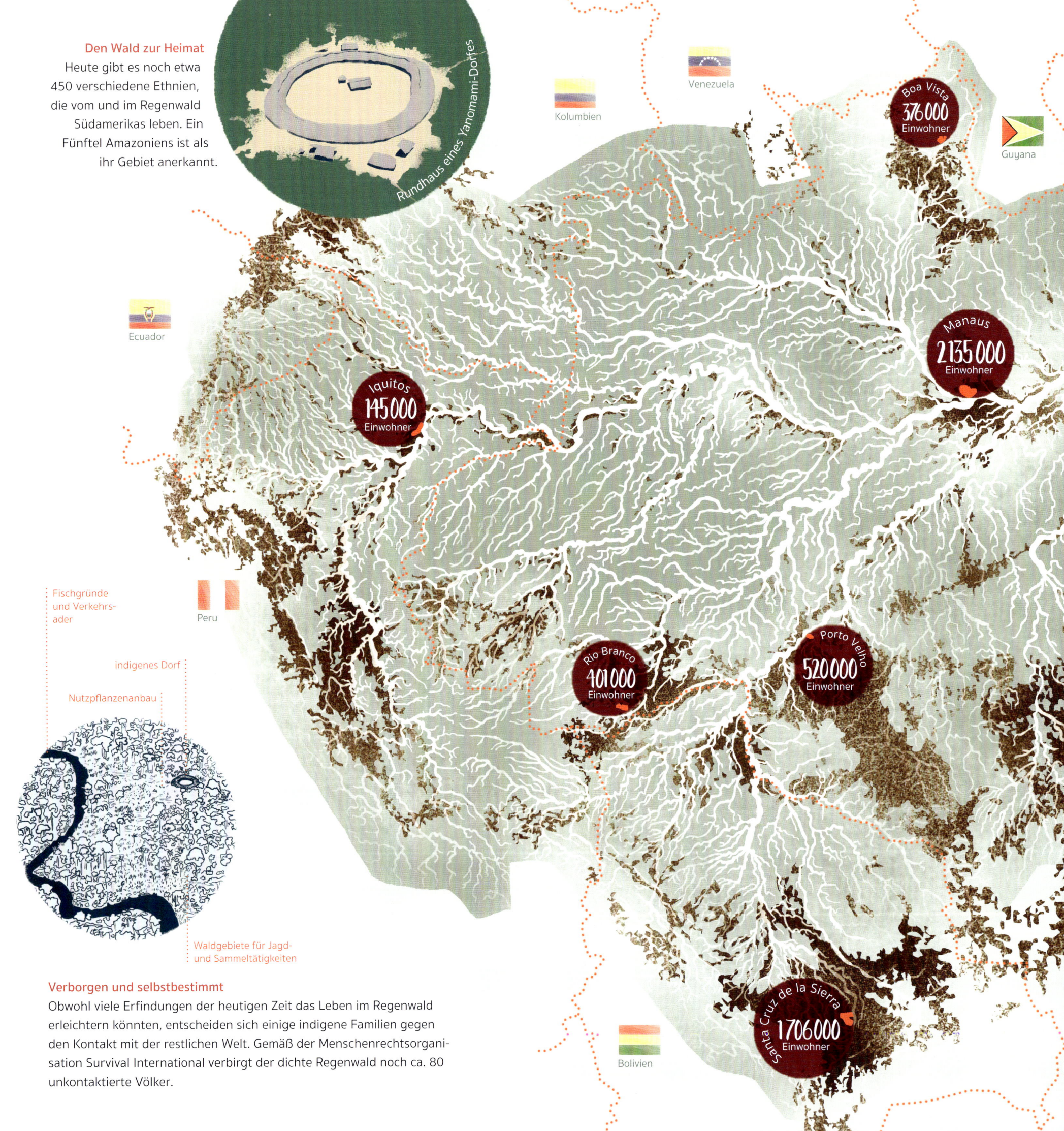

Den Wald zur Heimat

Heute gibt es noch etwa 450 verschiedene Ethnien, die vom und im Regenwald Südamerikas leben. Ein Fünftel Amazoniens ist als ihr Gebiet anerkannt.

Rundhaus eines Yanomami-Dorfes

Kolumbien

Venezuela

Boa Vista
376 000
Einwohner

Guyana

Ecuador

Manaus
2 135 000
Einwohner

Iquitos
145 000
Einwohner

Fischgründe
und Verkehrs-
ader

Peru

indigenes Dorf

Nutzpflanzenanbau

Rio Branco
401 000
Einwohner

Porto Velho
520 000
Einwohner

Waldgebiete für Jagd-
und Sammeltätigkeiten

Verborgen und selbstbestimmt

Obwohl viele Erfindungen der heutigen Zeit das Leben im Regenwald erleichtern könnten, entscheiden sich einige indigene Familien gegen den Kontakt mit der restlichen Welt. Gemäß der Menschenrechtsorganisation Survival International verbirgt der dichte Regenwald noch ca. 80 unkontaktierte Völker.

Santa Cruz de la Sierra
1 706 000
Einwohner

Bolivien

Menschen in Amazonien

Am Amazonas wuchert nicht nur naturbelassener Regenwald. Viele Menschen mit unterschiedlichen Lebensgewohn-
heiten haben sich ein Zuhause im Labyrinth der Flüsse
geschaffen.

Suriname

Franz.
Guyana

Im urbanen Dschungel

Über die Hälfte aller Menschen Amazoniens lebt in
Städten. Und auch einige Tiere haben den urbanen
Dschungel für sich entdeckt: Termiten nagen am
Holz der Häuser, Opossums durchsuchen die Müll-
tonnen nach Essbarem und Nasenbären lassen sich
gerne füttern.

303 000
Einwohner
Santarém

Von Santarém aus wird das Soja
des Amazonasgebiets in die
ganze Welt verschifft.

Kultivieren und Sammeln

Neben den Indigenen wohnen auch klein-
bäuerliche Gemeinschaften im Regenwald.
Zumeist leben sie vom Fischfang und dem
Sammeln von Paranüssen, Kautschuk und
Wildfrüchten.

Brasilien

Menschen hinterlassen Spuren.
Diese Gebiete wurden zwischen
2001 und 2018 entwaldet.

Im Amazonasgebiet gibt es kaum Straßen und
keine Eisenbahn. So wird alles per Schiff transportiert.
Ob zur Schule, zur Arbeit, zum Markt oder zur Familie: Ein
Boot ist für viele Menschen das wichtigste Verkehrsmittel.
Es gibt sogar Arztschiffe und schwimmende Schulen.

Passagierschiff

Containerschiffe
fahren bis
Manaus

Korb der Yanomami

Flechtwerk
In Körben aus Pflanzenfasern lassen sich Lebensmittel transportieren und aufbewahren.

Zwischen Tradition und Moderne
Mittlerweile tragen viele indigene Familien Markenkleidung, beherrschen mehrere Sprachen und nutzen die Errungenschaften der modernen Medizin. Doch die altbewährten Lebensweisen sind vielerorts noch nicht in Vergessenheit geraten.

Scharfe Zähne
Bevor die Europäer im 16. Jahrhundert Metallmesser und Macheten nach Südamerika brachten, gab es nur Schneidewerkzeuge aus Stein oder Knochen.

Messer mit Agutizahn

Schwimmende Stämme
Für den traditionellen Einbaum wird ein Baumstamm zu einem Boot ausgehöhlt. Aber immer häufiger ersetzen Motorboote die Einbaumboote.

Wetterfest
Die Dächer sind traditionell mit Schilf oder Palmwedeln gedeckt. Mittlerweile kommen auch Wellblech und Plastik beim Dachdecken und Ausbessern zum Einsatz.

Federschmuck der Yawalapiti

Annattosamen liefern rot-braunen Farbstoff.

Gesichtsbemalung einer Kayapo-Frau

Farbenpracht
Vogelfedern, Felle, Knochen und Pflanzensamen werden zu Schmuck verarbeitet. Jede Ethnie hat andere Schmuckstücke, die zu besonderen Anlässen getragen werden.

Körperbemalung
Aus Pflanzensäften, Erden und Asche lassen sich Farben zur Körperbemalung herstellen.

Flöte der Tatuyo

Tanz und Musik
Besonders Siedlungen im Umkreis größerer Städte öffnen sich dem Tourismus. Für Tagesausflügler werden Aufführungen der traditionellen Tänze, Musik und Kochkurse angeboten. Manche Gemeinden betreiben sogar eigene Lodges.

Wissen und Können
Zusätzlich zur Schulbildung erlernen viele Kinder wichtige Fertigkeiten zum Leben mit dem Wald.

Satt

Ist der amazonische Regenwald intakt, können seine Bewohner sehr gut von ihm leben. Ein unbeschädigter Wald hat alles zu bieten: Baumaterial, Heilpflanzen, sauberes Trinkwasser und natürlich: Essen.

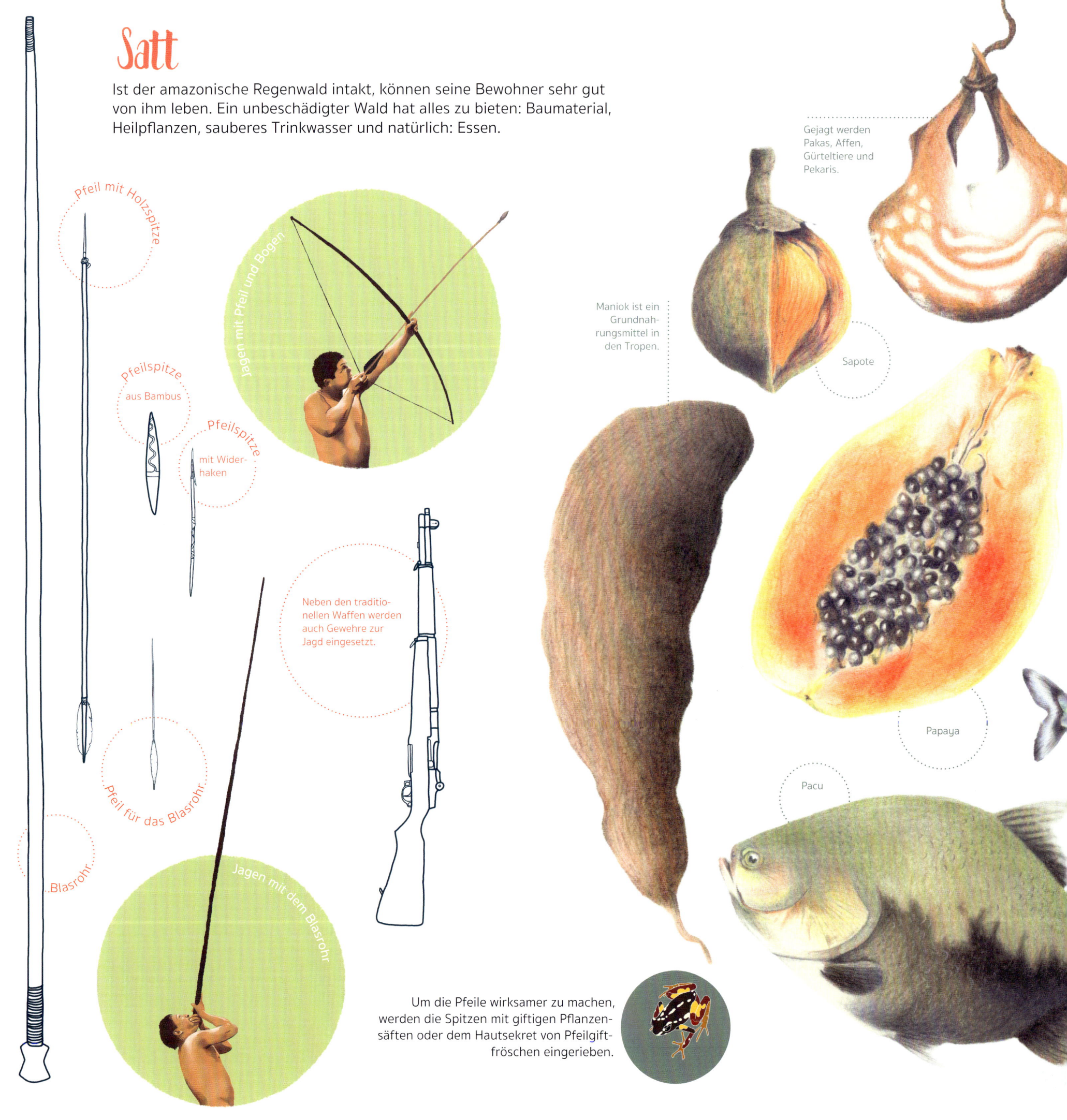

Pfeil mit Holzspitze

Jagen mit Pfeil und Bogen

Pfeilspitze aus Bambus

Pfeilspitze mit Widerhaken

Neben den traditionellen Waffen werden auch Gewehre zur Jagd eingesetzt.

Pfeil für das Blasrohr

Blasrohr

Jagen mit dem Blasrohr

Um die Pfeile wirksamer zu machen, werden die Spitzen mit giftigen Pflanzensäften oder dem Hautsekret von Pfeilgiftfröschen eingerieben.

Gejagt werden Pakas, Affen, Gürteltiere und Pekaris.

Maniok ist ein Grundnahrungsmittel in den Tropen.

Sapote

Papaya

Pacu

Von Feld und Wald

In den Gärten der Indigenen wachsen unzählige Pflanzen, die vielseitig Verwendung finden. Was nicht angebaut werden kann, holen die Menschen aus dem Wald: sie kennen über 500 Pflanzenarten!

Für viele Völker Amazoniens ist der Regenwald ein spirituelles Wesen. Ihrer Ansicht nach kann kein Mensch Wald besitzen und hat so auch kein Recht, zerstörerisch und gierig zu sein.

Bananen

Pfirsichpalme

Papayabaum

Die Nuss des Cashewbaumes befindet sich nicht in der Frucht, sondern unten dran.

Piranha

Die Krêpo-Schote ist eine beliebte Nascherei.

Tabak

Açaí-Beeren sind Palmfrüchte, die im gesamten Amazonasgebiet gerne gegessen werden.

Junge Maniokpflanze

Bananenstaude

Flaschenkürbis

49

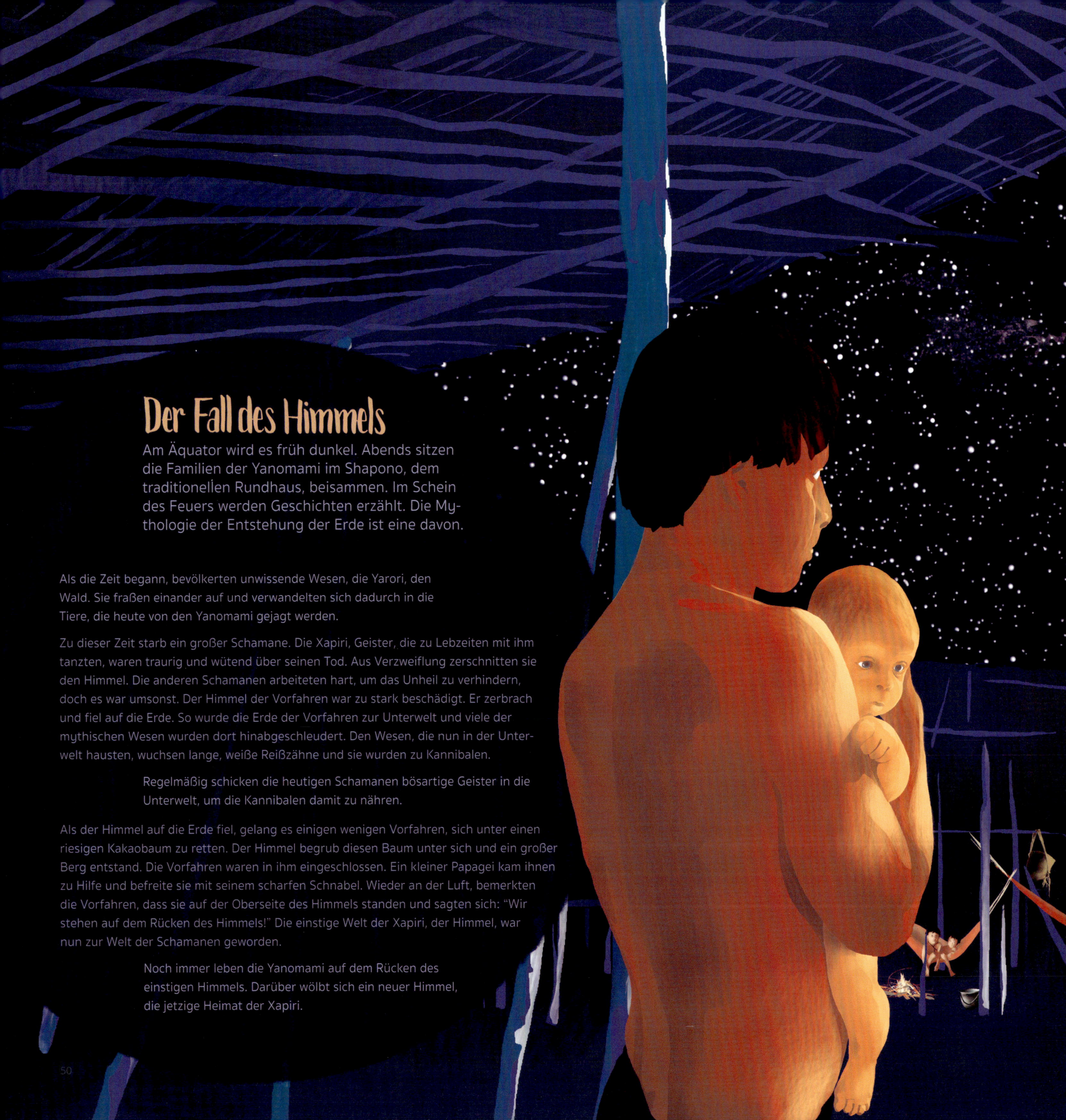

Der Fall des Himmels

Am Äquator wird es früh dunkel. Abends sitzen
die Familien der Yanomami im Shapono, dem
traditionellen Rundhaus, beisammen. Im Schein
des Feuers werden Geschichten erzählt. Die Mythologie der Entstehung der Erde ist eine davon.

Als die Zeit begann, bevölkerten unwissende Wesen, die Yarori, den
Wald. Sie fraßen einander auf und verwandelten sich dadurch in die
Tiere, die heute von den Yanomami gejagt werden.

Zu dieser Zeit starb ein großer Schamane. Die Xapiri, Geister, die zu Lebzeiten mit ihm
tanzten, waren traurig und wütend über seinen Tod. Aus Verzweiflung zerschnitten sie
den Himmel. Die anderen Schamanen arbeiteten hart, um das Unheil zu verhindern,
doch es war umsonst. Der Himmel der Vorfahren war zu stark beschädigt. Er zerbrach
und fiel auf die Erde. So wurde die Erde der Vorfahren zur Unterwelt und viele der
mythischen Wesen wurden dort hinabgeschleudert. Den Wesen, die nun in der Unterwelt hausten, wuchsen lange, weiße Reißzähne und sie wurden zu Kannibalen.

Regelmäßig schicken die heutigen Schamanen bösartige Geister in die
Unterwelt, um die Kannibalen damit zu nähren.

Als der Himmel auf die Erde fiel, gelang es einigen wenigen Vorfahren, sich unter einen
riesigen Kakaobaum zu retten. Der Himmel begrub diesen Baum unter sich und ein großer
Berg entstand. Die Vorfahren waren in ihm eingeschlossen. Ein kleiner Papagei kam ihnen
zu Hilfe und befreite sie mit seinem scharfen Schnabel. Wieder an der Luft, bemerkten
die Vorfahren, dass sie auf der Oberseite des Himmels standen und sagten sich: "Wir
stehen auf dem Rücken des Himmels!" Die einstige Welt der Xapiri, der Himmel, war
nun zur Welt der Schamanen geworden.

Noch immer leben die Yanomami auf dem Rücken des
einstigen Himmels. Darüber wölbt sich ein neuer Himmel,
die jetzige Heimat der Xapiri.

Geschichten Südamerikas

Nicht jede Geschichte, die sich die Menschen Amazoniens zu erzählen wissen, ist so verzaubernd wie der Himmelsmythos der Yanomami. Viele andere handeln von jahrhundertelanger Unterdrückung, Gewalt und Tod.

Das Riesenfaultier „Mapinguari" ist in der indigenen Mythologie überliefert

Das tropische Wetter und die kargen Böden im Amazonasbecken machten es den Menschen unmöglich, große Städte mit vielen Bewohnern, Lebensmitteln und Infrastruktur zu gründen. Darum lebten sie jahrtausendelang erfolgreich in gelegentlich umherziehenden Familiengruppen. Ihre Vergangenheit gaben sie mündlich weiter, weshalb Außenstehende sie heute nicht mehr genau rekonstruieren können.

1492

Zufällig landete der Seefahrer Christoph Kolumbus in Amerika. Eigentlich wollte er nach Indien.

1515

Der spanische Missionar Bartolomé de las Casas verurteilte den grausamen Umgang mit den Indigenen. Stattdessen setzte er sich für die Einführung afrikanischer Sklaven ein. Die fatalen Auswirkungen seiner Idee erkannte er erst an seinem Lebensende.

1493

Südamerika wurde von Papst Alexander VI zwischen Spanien und Portugal aufgeteilt. Von da an betrachteten sich die beiden Länder als rechtmäßige Besitzer Südamerikas. Sie beuteten Land und Menschen aus, zerstörten Kulturen und töteten ganze Völker.

1502

Der leseunkundige Schweinehirte Francisco Pizarro betrat amerikanischen Boden. In Südamerika verwirklichte er seine Träume von Macht und Gold, eroberte das Reich der Inka und tötete ihren König Atahualpa.

Zwangsarbeit und Menschenhandel

Der Handel mit Zucker und dem Saft des Kautschukbaumes blühte. Um mehr produzieren zu können, wurden ab 1501 Menschen aus Afrika versklavt und nach Amerika verschifft. Dort wurden sie, zusammen mit den Indigenen, zur Arbeit auf den Plantagen gezwungen.

Verhängnisvolle Viren

Die Eroberer verbreiteten den christlichen Glauben, der den Indigenen aufgezwungen wurde. Doch Krankheiten aus Europa forderten weitaus mehr Todesopfer als die gewaltvolle Missionierung. Die Indigenen waren gegen viele Viren nicht immun.

100 Jahre nach Kolumbus' Ankunft waren

90
Prozent

der einheimischen Bevölkerung tot.

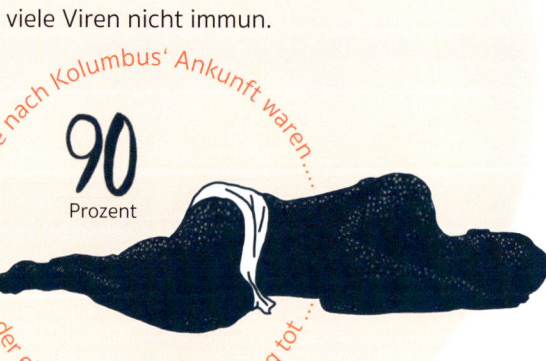

Aus Afrika wurden

5 000 000
5 Millionen Menschen

als Zwangsarbeiter nach Brasilien verschifft.

Alexander und Aimé reisten

5
Jahre

Gierig nach Wissen

Die Forscher Alexander von Humboldt und Aimé Bonpland erkundeten ab 1799 das Amazonasgebiet, die Anden und Mexiko. Sie sammelten umfangreiche Informationen über Tiere, Pflanzen, Gesteine, Vulkane, Klima und Flussläufe. Humboldt sah die Natur als vernetztes und fragiles System, das durch menschliche Eingriffe schnell zerstört werden kann.

1888

Als letztes amerikanisches Land verbot Brasilien den Sklavenhandel.

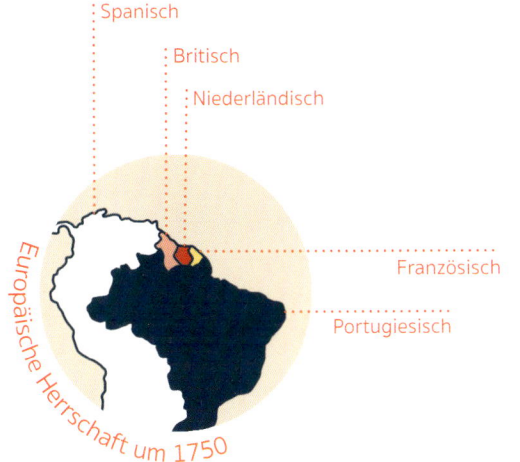

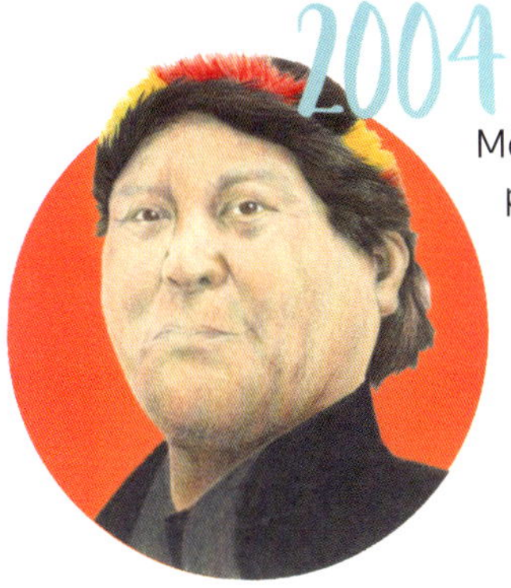

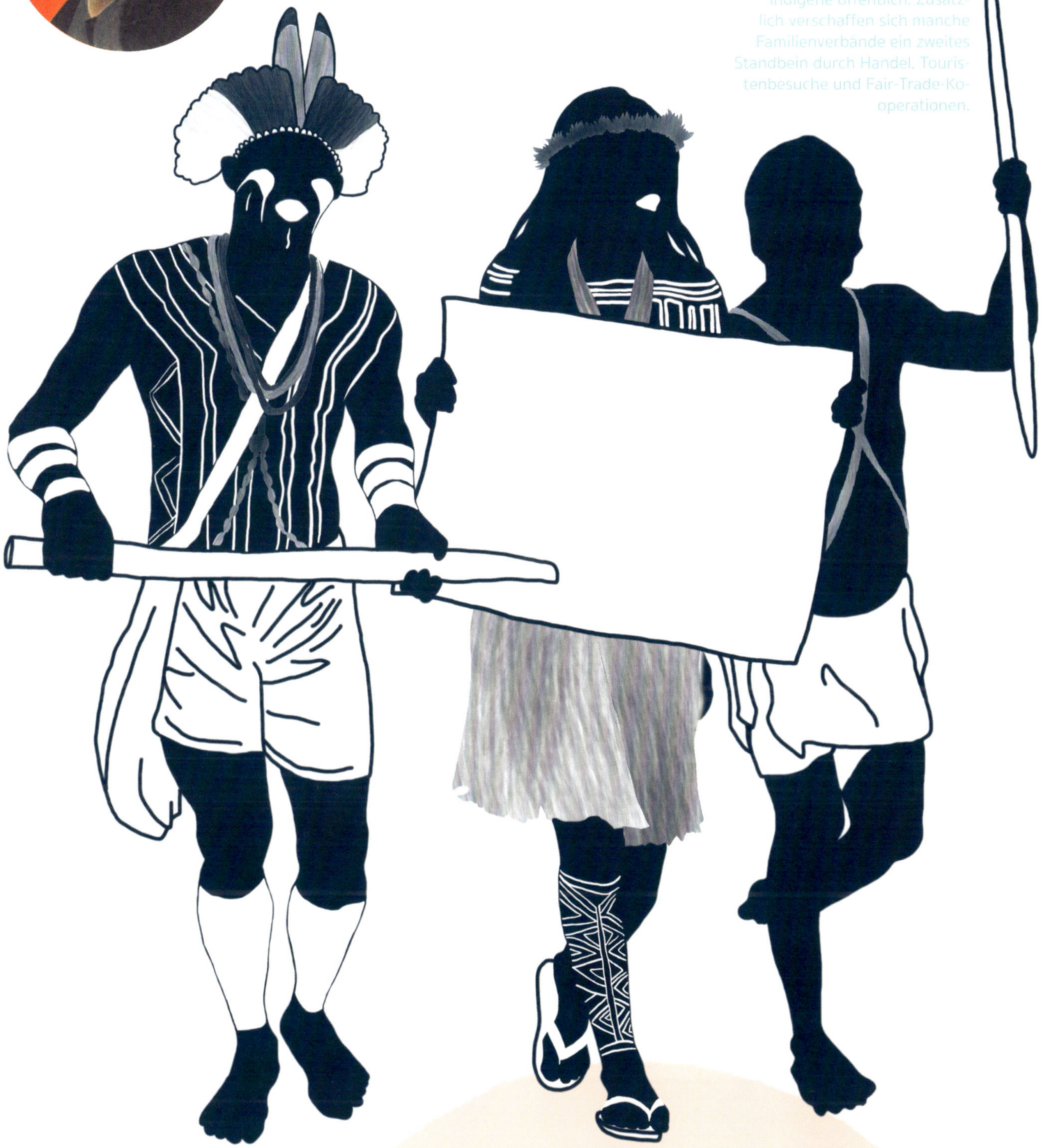

Spanisch
Britisch
Niederländisch
Französisch
Portugiesisch
Europäische Herrschaft um 1750

2004

Mehrere Schamanen der Yanomami gründeten die politische Organisation Hutukara und setzten sich für ihre Rechte ein. Unter ihnen ist auch Davi Kopenawa Yanomami. Der Schamane macht weltweit auf die Unterdrückung indigener Völker und die Zerstörung der Natur aufmerksam. 2019 erhielt er dafür den Alternativen Nobelpreis.

Um sich gegen die Ungerechtigkeit zu wehren, protestieren Indigene öffentlich. Zusätzlich verschaffen sich manche Familienverbände ein zweites Standbein durch Handel, Touristenbesuche und Fair-Trade-Kooperationen.

Simón Bolivar war 11 Jahre Präsident von Großkolumbien.

1819

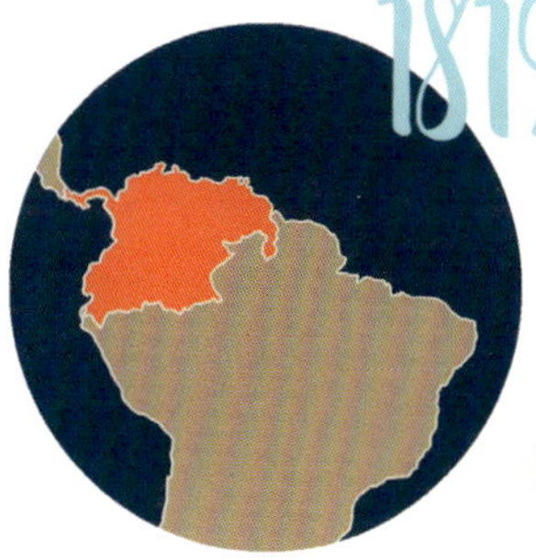

Es lebten viele Wohlhabende in Südamerika, die nicht mehr von den fernen Europäern regiert werden wollten. Simón Bolívar war einer von ihnen. Er führte eine erfolgreiche Rebellion an und gründete die Republik Großkolumbien. Später zerfiel diese Republik in die heutigen Länder Venezuela, Kolumbien, Ecuador und Panama.

Recht und Selbstbestimmung

Ein Fünftel des Amazonasgebietes ist als Heimat der indigenen Völker anerkannt. Trotzdem können sie kein freies Leben führen. Goldsucher, Holzfäller, Farmer, Öl- und Bergbaufirmen sowie staatliche Straßen und Staudämme, vor allem aber Politiker verhindern das. Zudem haben Indigene in Brasilien kaum politische Rechte.

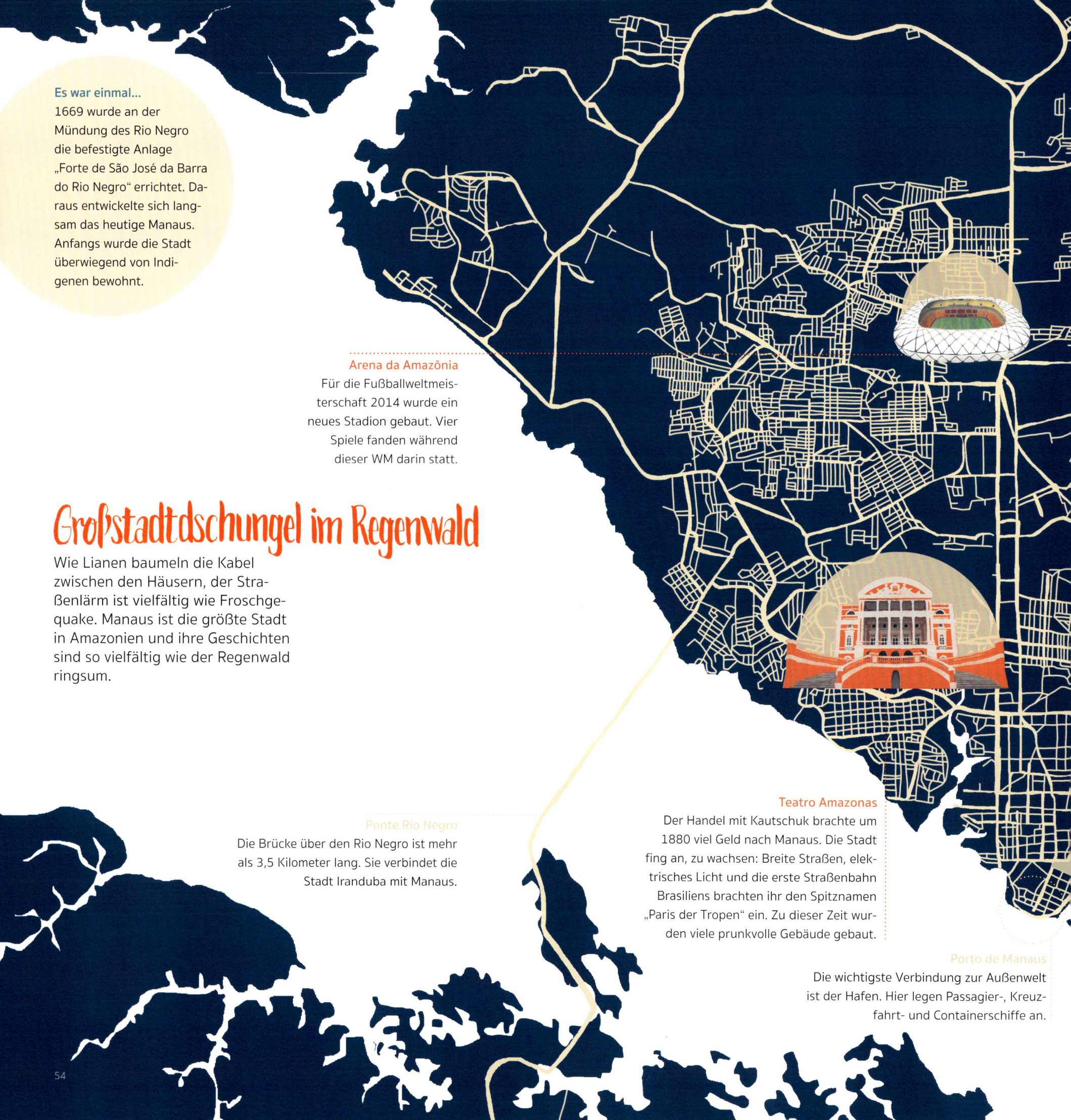

Arena da Amazônia

Für die Fußballweltmeisterschaft 2014 wurde ein neues Stadion gebaut. Vier Spiele fanden während dieser WM darin statt.

Großstadtdschungel im Regenwald

Wie Lianen baumeln die Kabel zwischen den Häusern, der Straßenlärm ist vielfältig wie Froschgequake. Manaus ist die größte Stadt in Amazonien und ihre Geschichten sind so vielfältig wie der Regenwald ringsum.

Ponte Rio Negro

Die Brücke über den Rio Negro ist mehr als 3,5 Kilometer lang. Sie verbindet die Stadt Iranduba mit Manaus.

Teatro Amazonas

Der Handel mit Kautschuk brachte um 1880 viel Geld nach Manaus. Die Stadt fing an, zu wachsen: Breite Straßen, elektrisches Licht und die erste Straßenbahn Brasiliens brachten ihr den Spitznamen „Paris der Tropen" ein. Zu dieser Zeit wurden viele prunkvolle Gebäude gebaut.

Porto de Manaus

Die wichtigste Verbindung zur Außenwelt ist der Hafen. Hier legen Passagier-, Kreuzfahrt- und Containerschiffe an.

Manaus ist eine Freihandelszone. Unternehmen müssen deswegen kaum Steuern zahlen, was zahlreiche Firmen anlockt. Hier werden überwiegend Elekrogeräte und Fahrzeuge für Europa, die USA und Südamerika gefertigt.

Aus Manaus kommen

80

Prozent

der in Brasilien hergestellten Elektrogeräte

Rio Negro

Manaus

Amazonas

Encontro das Águas

Nicht weit von Manaus mündet der Rio Negro in den Amazonas. Doch das dunkle Wasser des Rio Negro vermischt sich nur langsam mit dem des Amazonas. So fließen beide Wassertypen kilometerweit nebeneinander.

Palácio Rio Negro

1903 ließ sich ein Hamburger Kautschuk-Händler diese Villa bauen. Heute ist sie ein Kulturzentrum.

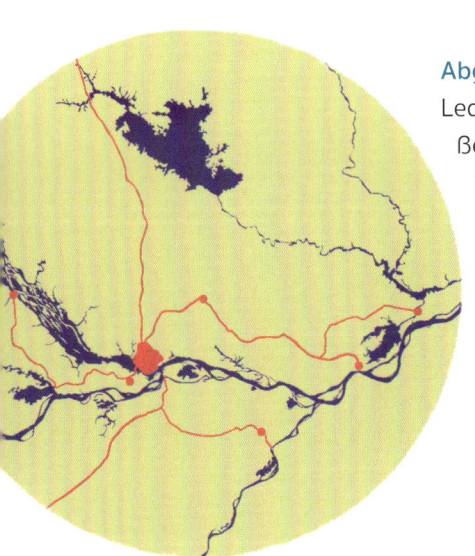

Abgeschiedene Metropole

Lediglich über zwei Straßen ist Manaus mit der Welt außerhalb des Regenwaldes verbunden. Deshalb gelangen die meisten Waren per Containerschiff und Flugzeug in die Stadt.

Im urbanen Dickicht

Die mehr als 2 Millionen Bürgerinnen und Bürger machen Manaus zur bevölkerungsreichsten Metropole im Amazonasgebiet. Selbst in diesem Häuserwald, der bis zum Horizont reicht, finden sich überall Spuren der tropischen Wildnis.

Ausgangspunkt für Abenteuer

Die abgeschiedene Lage mitten im Regenwald hat auch Vorteile. Für viele Touristen ist Manaus nicht das Ziel, sondern der Ausgangspunkt für Touren zu indigenen Siedlungen, Badespaß mit Flussdelfinen oder Waldwanderungen bei Nacht.

Ein Portugiese und ein Indigener schließen Frieden vor dem Forte de São José da Barra do Rio Negro.

Dies ist der Zusammenfluss von Rio Solimões und Rio Negro.

Der Kautschukbaum erinnert an die einstige Bedeutung des Kautschuk.

Wappen von Manaus

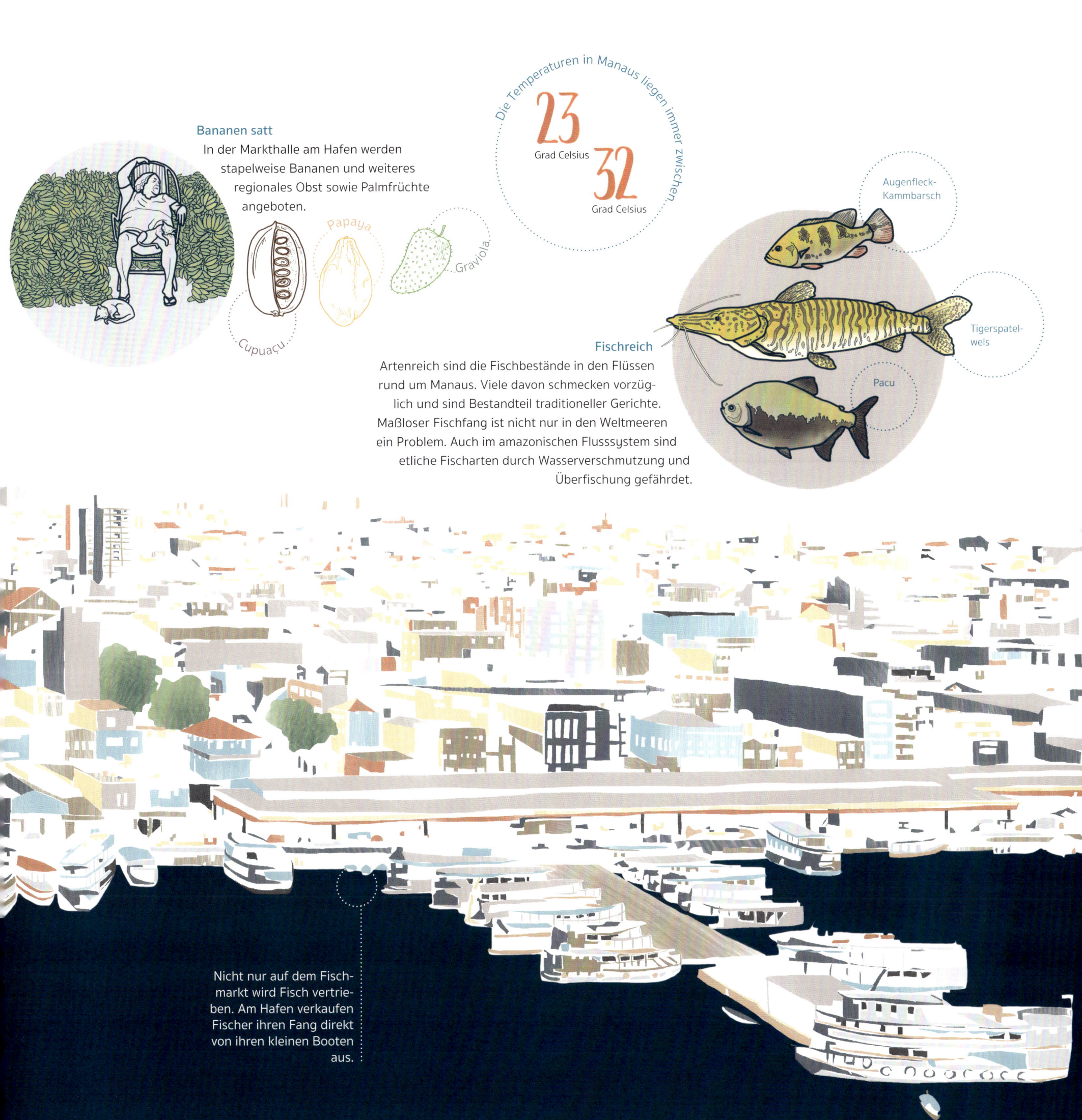

Bananen satt

In der Markthalle am Hafen werden stapelweise Bananen und weiteres regionales Obst sowie Palmfrüchte angeboten.

Papaya

Graviola

Cupuaçu

Die Temperaturen in Manaus liegen immer zwischen

23 Grad Celsius

32 Grad Celsius

Augenfleck-Kammbarsch

Tigerspatel-wels

Pacu

Fischreich

Artenreich sind die Fischbestände in den Flüssen rund um Manaus. Viele davon schmecken vorzüglich und sind Bestandteil traditioneller Gerichte. Maßloser Fischfang ist nicht nur in den Weltmeeren ein Problem. Auch im amazonischen Flusssystem sind etliche Fischarten durch Wasserverschmutzung und Überfischung gefährdet.

Nicht nur auf dem Fischmarkt wird Fisch vertrieben. Am Hafen verkaufen Fischer ihren Fang direkt von ihren kleinen Booten aus.

Zerstörungen

Reisende, Forschende, kleinbäuerliche Familien und die indigene Bevölkerung brauchen naturbelassenen Regenwald. Durch intakte Waldgebiete gibt es sauberes Trinkwasser, Brennholz sowie reichlich Fisch und Wild zum Jagen.

Holzfäller und Goldsucher

Gedrängt durch große Armut, versuchen viele Menschen, als Holzfäller und Goldgräber ein Auskommen zu finden. Edelholzbäume und Gold bringen viel Geld auf dem Weltmarkt. Die Menschen, die den Regenwald danach absuchen, verdienen jedoch wenig. Bei der Goldgewinnung wird giftiges Quecksilber verwendet. Es verseucht die Umgebung und schädigt Tiere und Menschen.

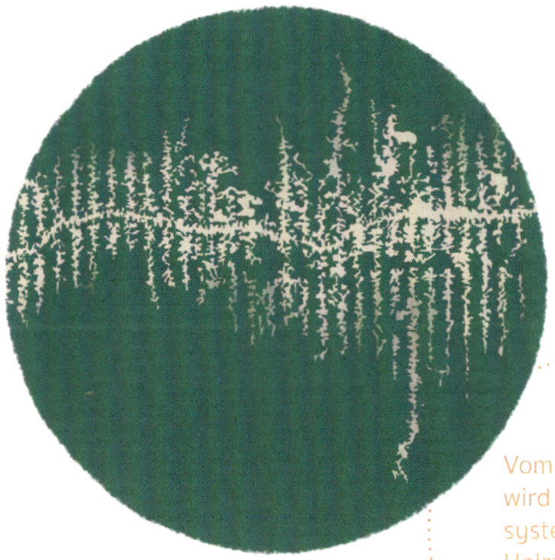

Vom Flugzeug aus wird deutlich, wie systematisch die Holzfäller kostbare Bäume aus dem Wald holen.

Brandrodung

Regenwald wird im großen Stil abgebrannt, um Platz für Felder und Plantagen zu schaffen. Aber auch für den Abbau von Metallen und zur Stromgewinnung durch Staudämme müssen Bäume weichen.

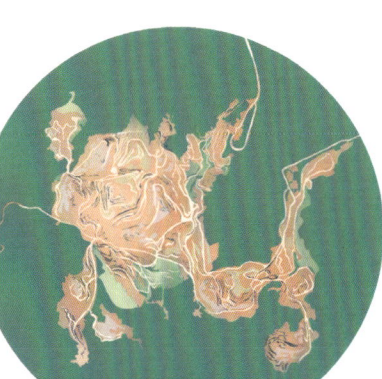

In der brasilianischen Carajas-Mine lagert das größte Eisenerzvorkommen der Welt.

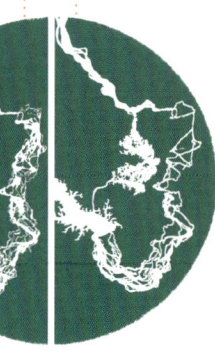

Der Rio Xingu vor dem Staudammbau

Durch den Staudamm Belo Monte wurden 6500 Quadratkilometer Wald geflutet.

Monokulturen

Dort, wo einst Bäume um die Wette wuchsen und Scharen von Zikaden zirpten, werden nun Rinder gehalten oder Nutzpflanzen angebaut. Pflanzenschutzmittel sorgen dafür, dass weder Tiere noch Wildpflanzen zwischen den ordentlichen Reihen leben und wachsen.

Am Ende bleibt nichts

Ohne den Schutz der Bäume haben die Naturgewalten leichtes Spiel: der Regen schwemmt die wenigen Nährstoffe aus der Erde und die Tropensonne dörrt den Boden aus. Nach wenigen Jahren gedeihen weder Ölpalmen noch Sojastauden auf den Feldern. Sobald der Ernteertrag sinkt, wird erneut Regenwald abgebrannt, um weitere Anbauflächen zu schaffen. Die ausgelaugten Landwirtschaftsflächen verkommen zu einer ungenutzten Ödnis.

Die Mischung macht's

Landwirtschaft muss nicht zerstörend sein. Es gibt auch umweltfreundliche Anbauweisen. Mischkulturen aus Bäumen, Sträuchern und bodenbedeckenden Pflanzen schonen den Boden und geben Tieren ein Zuhause. Besonders die indigene und kleinbäuerliche Bevölkerung bewirtschaftet ihr Land auf diese Weise.

Regenwald zu Hause

Vieles, das wir täglich benutzen, hat seinen Ursprung im Regenwald. Den meisten Produkten ist es nicht anzusehen. Doch was im Einkaufswagen landet, trägt zur Regenwaldzerstörung oder zu dessen Schutz bei. Ein sorgsamer Umgang mit den Schätzen Amazoniens sorgt dafür, dass wir noch lange etwas davon haben.

Brennmaterial

Möbel

Bäume aus Regenwäldern

Tiere aus Regenwaldgebieten

Münzen

Kochutensilien

Papier recyceln

Möbel

Schmuck

Kleidung

Fleisch öfter weglassen

reparieren lassen
Elektronik

Metalle wie beispielsweise Eisen

Transportmittel gebraucht kaufen und oft nutzen

Verpackungen

Erdöl

Kleidung, länger als eine Saison tragen

aus biologischem und fairem Anbau genießen Genussmittel

Zucker

Elektronik

Treibstoff

Spielzeug, weitergeben, was du nicht mehr willst

Kosmetik z. B. ohne das Erdölprodukt Paraffin nutzen

Palmöl

Monokulturen in Regenwaldgebieten

Heilpflanzen

Lebensmittel

Tiernahrung

Medikamente

Kosmetik

Bio-Treibstoff wird aus essbaren Pflanzen gewonnen

63

Die weltweite Nutztierhaltung und die Futterproduktion sind die Hauptauslöser des Klimawandels und der Rodung des Amazonas-Regenwaldes.

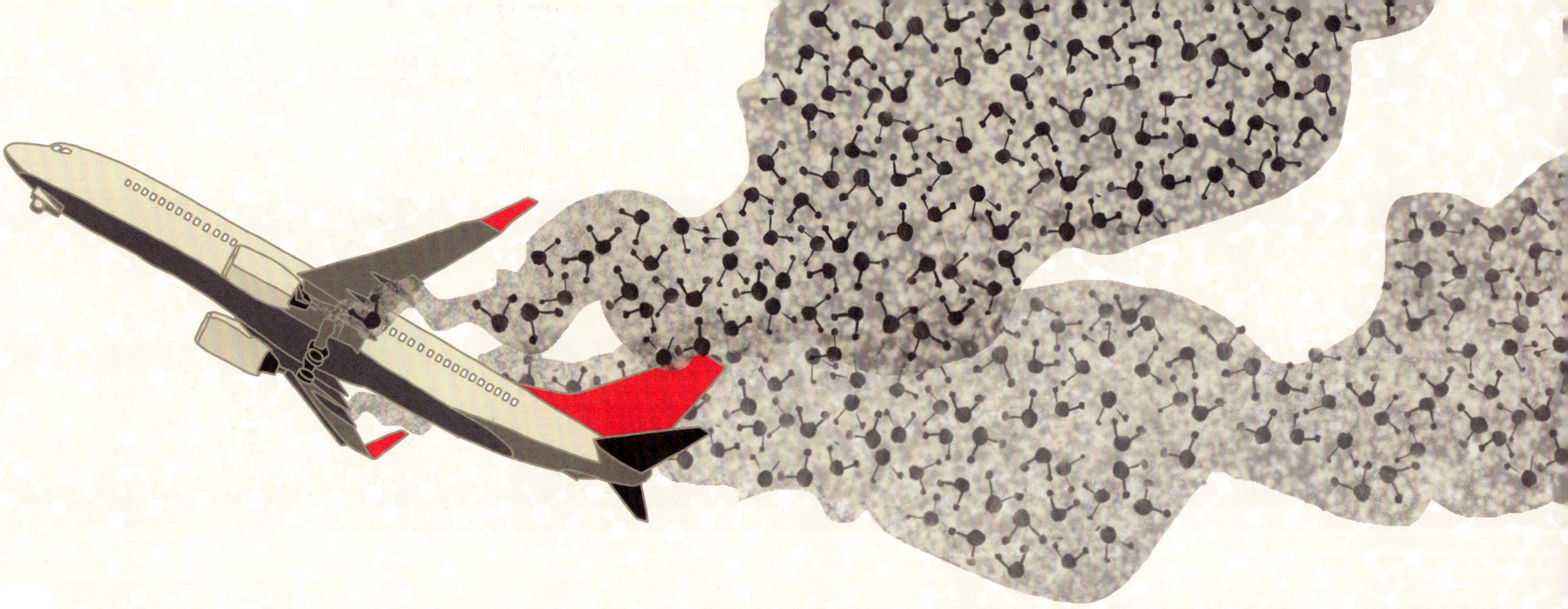

Grüne Lunge

Ohne es sich bewusst zu sein, sind Menschen im ständigen Austausch mit Pflanzen. Denn was Pflanzen „ausatmen“, brauchen Menschen und Tiere zum Einatmen: Sauerstoff.

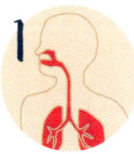

Jedes Wesen braucht zum Leben Sauerstoff, den es einatmet. Beim Ausatmen wird Kohlenstoffdioxid frei, auch bekannt als CO_2. Dieses Gas brauchen wiederum die Pflanzen.

Die Menge macht das Gift

Auch Kohlekraftwerke, Fahrzeuge, Bauprojekte und die Landwirtschaft produzieren CO_2, genauso wie das Verbrennen von Holz. Brennen Pflanzen, wird der in ihnen gebundene Kohlenstoff als Kohlenstoffdioxid freigesetzt.

Ist zu viel CO_2 in der Luft, wird es auf der Erde immer wärmer. Aufgrund des Temperaturanstiegs kommt das Klima auf der ganzen Welt durcheinander.

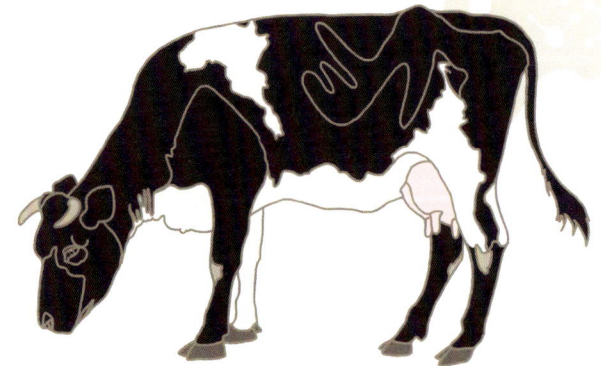

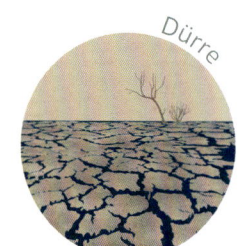

Dürre

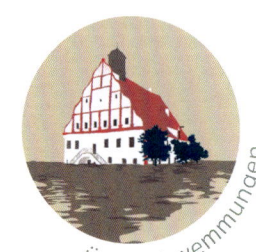

Überschwemmungen

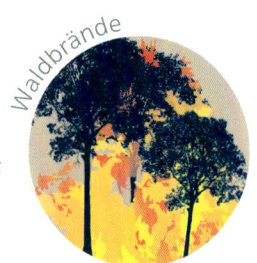

Waldbrände

Ein Baum produziert Sauerstoff für zwei Personen.

Sonnenlicht, Wasser und CO_2 braucht die Pflanze, um in ihren Blättern Zucker zu produzieren. Damit wächst sie. Übrig bleibt Sauerstoff. Dieser Vorgang heißt Fotosynthese.

2

Wälder speichern CO_2

12 000
Tonnen pro Quadratkilometer

200 000
Tonnen pro Quadratkilometer

Wie viel, ist abhängig vom Klima und der Bewirtschaftung.

Baustoff Kohlenstoff
Zucker besteht zu einem Teil aus Kohlenstoff. Auch in Lebewesen ist Kohlenstoff enthalten, er ist ein Baustein des Lebens.

Kohlenstoffanteil
18
Prozent

Kohlenstoffanteil
42
Prozent

Klimaschutz ist Regenwaldschutz

Das Klima auf der Erde wird rasant wärmer. Viele Organismen können sich nicht schnell genug daran anpassen. Steigt die Temperatur weiterhin, wird es dem amazonischen Wald zu heiß und die Pflanzen sterben. Alles, was für den Klimaschutz getan wird, bewahrt auch den Regenwald.

Ein Temperaturanstieg von

4

Grad Celsius

vernichtet Amazoniens Regenwald

Ein Beitrag von jedem

„Weniger ist mehr" gilt auch beim Regenwaldschutz. Der Verzicht auf bestimmte Produkte und Bequemlichkeiten bewahrt die tropischen Wälder nachhaltig.

Mobilität auf zwei Rädern

Es stinkt nicht, es verursacht keinen Stau, es produziert kein CO_2, es hält seine Fahrerinnen und Fahrer fit und es braucht keinen Treibstoff: Das Fahrrad hat viele Vorteile. Wer sich auf den Sattel schwingt, anstatt in ein Auto zu steigen, schützt das Klima und den Regenwald.

Süße Sünde

Palmöl ist nicht nur im Bio-Treibstoff, sondern auch in etlichen Süßigkeiten enthalten. Die Zutatenliste auf der Verpackung enthüllt die schadhaften Leckereien. Ein Verzicht auf Süßigkeiten muss aber nicht sein. Für Naschkatzen und -kater bieten die Supermarktregale auch eine Vielzahl an palmölfreien Zuckerfreuden.

Ab zur Reparatur

Elektronische Geräte enthalten verschiedene Metalle und andere Rohstoffe, die in den Tropen abgebaut werden. Anstatt ein neues Handy zu kaufen, kann ein defektes Teil ausgetauscht werden. Das schont nicht nur die Umwelt, sondern auch den Geldbeutel.

In Südamerika gibt es große Erdölvorkommen. Durch deren Förderung werden Regenwaldgebiete zerstört und mit Öl verschmutzt. Auch für den Anbau von Bio-Treibstoff-Pflanzen muss Regenwald weichen.

Benutztes Papier kommt nicht in die Mülltonne, sondern in eine separate Papiertonne. So kann es recycelt werden.

Auch für Kakaoplantagen wird illegal Regenwald gerodet. Verschiedene Siegel kennzeichnen Schokoladenwaren, die nachhaltig produziert wurden.

Aus alt mach neu

Papier ist gut recycelbar. Daher sind Schulhefte, Küchenrollen, Zeichenblöcke, Drucker- und Klopapier aus recyceltem Material besonders waldschonend.

Protest ist Politik

Die Politik hat sowohl großen Einfluss auf die Zerstörung als auch auf die Bewahrung der Regenwälder. Petitionen mit vielen Unterschriften oder friedliche Proteste bewegen die Regierenden zu mehr Umweltschutz.

Umweltorganisationen haben Petitionen und weitere Ratschläge zum Regenwaldschutz auf ihren Webseiten.

Lang lebe die Langlebigkeit

Papiertüten, Plastikflaschen und to-go Becher haben eines gemeinsam: Sie werden einmal verwendet und anschließend weggeworfen. Dadurch entsteht unnötiger Müll. Viel praktischer und länger nutzbar sind Brotdosen und Mehrwegflaschen.

Vegetarisch und vegan

Längst stehen fleischlose Gerichte auf jeder Speisekarte. Noch umweltfreundlicher ist es, beim Essen ganz auf tierische Produkte zu verzichten. Jede Mahlzeit, die vegan oder vegetarisch ist, schont die Natur.

Selbst wenn das Fleisch aus Europa ist, können die Tiere Futter aus den Tropen gefressen haben. Für den Anbau von Soja als Tiernahrung werden riesige Regenwaldflächen abgeholzt.

Müll zu recyceln ist teuer und aufwendig. Er wird zumeist verbrannt oder in südliche Länder verschifft. Dort zerstört europäischer Müll die tropische Natur.

Fleisch und Fisch sind nicht lebenswichtig. Es gibt tolle Alternativen!

Jeder kann einen Beitrag
zum Umweltschutz leisten,
damit uns auch noch morgen
der Regenwald am Amazonas
zu verzaubern vermag.

Register

Katharina Vlcek ist eine freischaffende Illustratorin und Autorin, die ihre vielseitigen Interessensgebiete in ihren Büchern zusammenbringt. Für „Amazonien – Entdecke die Wunder des Regenwaldes" reiste sie nach Südamerika und skizzierte, notierte, fotografierte und war überwältigt von der Schönheit des Waldes.
Katharina Vlcek studierte Illustration an der Hochschule für Angewandte Wissenschaften in Hamburg und lebt mit ihrer Familie im Umland Hamburgs.

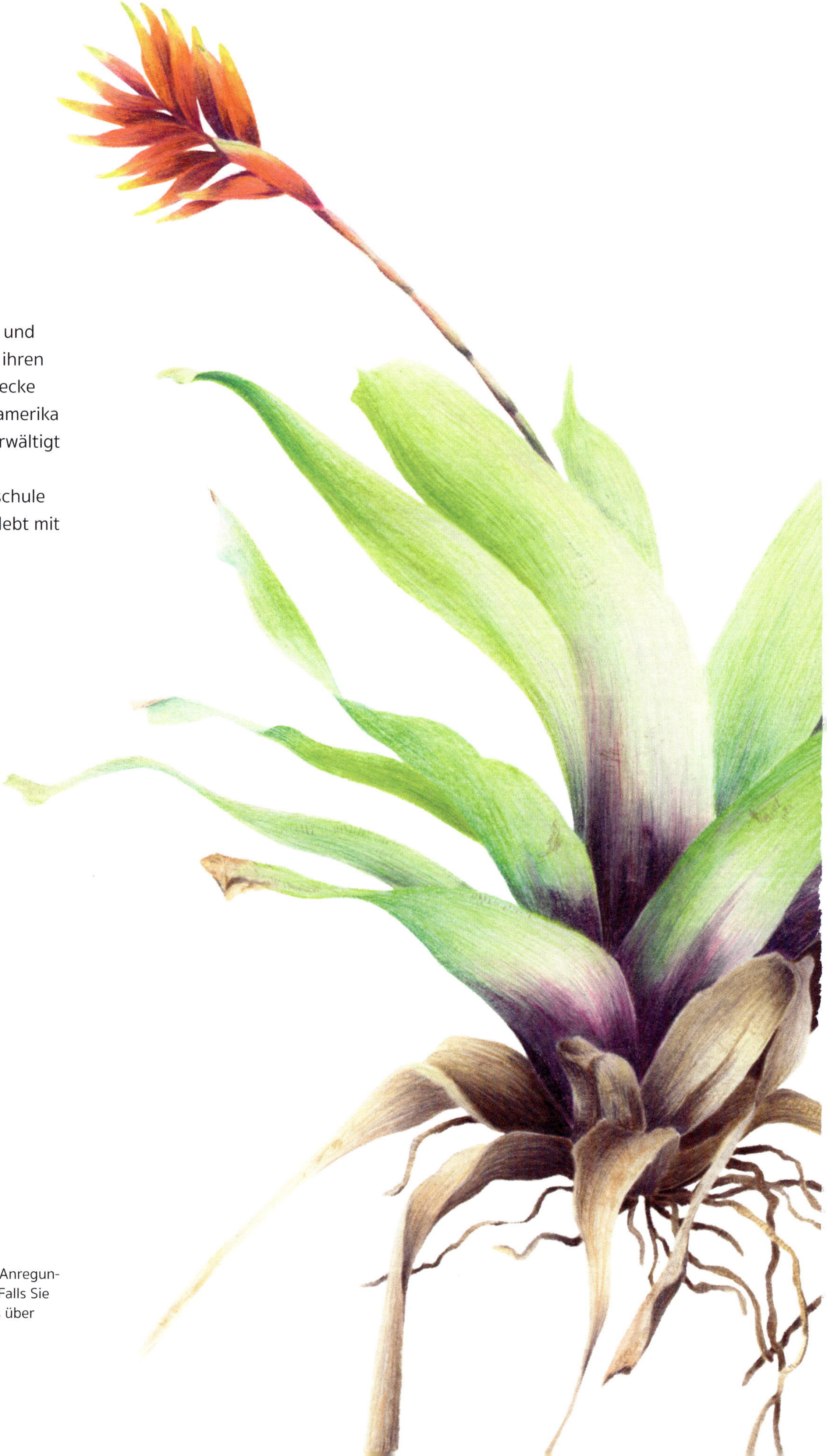

1. Auflage: 2021

ISBN 978-3-258-08226-4

Umschlaggestaltung: Katharina Vlcek, D-Glinde
Gestaltung und Satz: Katharina Vlcek, D-Glinde
Illustrationen: Katharina Vlcek, D-Glinde

Dieses Buch basiert auf einer Bachelorarbeit an der HAW Hamburg, betreut durch Prof. Reinhard Schulz-Schaeffer.

Wir verwenden FSC®-Papier. FSC® sichert die Nutzung der Wälder gemäß sozialen, ökonomischen und ökologischen Kriterien.

Gedruckt in Deutschland.

Diese Publikation ist in der Deutschen Nationalbibliografie verzeichnet. Mehr Informationen dazu finden Sie unter http://dnb.dnb.de.

Der Haupt Verlag wird vom Bundesamt für Kultur mit einem Strukturbeitrag für die Jahre 2021–2024 unterstützt.

Wir verlegen mit Freude und großem Engagement unsere Bücher. Daher freuen wir uns immer über Anregungen zum Programm und schätzen Hinweise auf Fehler im Buch, sollten uns welche unterlaufen sein. Falls Sie regelmäßig Informationen über die aktuellen Titel im Bereich Natur erhalten möchten, folgen Sie uns über Social Media oder bleiben Sie via Newsletter auf dem neuesten Stand!

www.haupt.ch